DER TEGERNSEE
REISEFÜHRER

Genuss, Geschichte und Geschichten

 GMUND, TEGERNSEE,
ROTTACH-EGERN, BAD WIESSEE,
KREUTH, WAAKIRCHEN

Allitera Verlag

Stills
Reise-Edition

INHALT

Auf an den Tegernsee!

Tausend und ein Klischee gibt es zum Tegernseer Tal. Es seien die bayerischen Alpen im Puppenstubenformat, der See ein VIP-Wasser, die Einwohner reich und berühmt. Nun – landschaftlich ist das Tegernseer Tal eine Perle am Nordrand der Alpen. Nirgendwo sonst in Bayern finden sich Berg und See so nah und doch mit lieblicher Weite. Ein Kranz alpiner Berge zieht sich um den See. Der Wallberg, der Hirschberg, Leonhardstein und Kampen, den manche Gäste gern als kleines Matterhorn oder „Tobleroneberg" bezeichnen. Das Tal bleibt lange sonnig und hell, dennoch erheben sich die Gipfel auf bis gut 1950 Meter.

Intakte Natur

Die Natur ist noch weitgehend intakt. Wir haben noch Winter und können Wintertourismus bieten, wir brauchen es aber nicht mehr, denn das Tal ist inzwischen rund ums Jahr attraktiv. Morgens segeln, nachmittags wandern und abends kulinarisch schwelgen, das können Sie hier. In keiner anderen Region Deutschlands gibt es so viele Sterneköche auf kleinem Raum, das Tegernseer Tal ist ein Genießerland.

Wer lebt am See?

Dass sich am See gern die Reichen einen Blick mit Haus kaufen, stimmt auch. Prominente zieht es seit mindestens 200 Jahren ins Tegernseer Tal. Es sind mehr die Gäste, die sich fiebrig interessiert zeigen, wo denn wer gerade sein Rückzugsidyll hat. Normalerweise können die einen mit den anderen Anwohnern gut und in Ruhe leben. Viele von ihnen tun Gutes und

Weniger bekannter Gipfel: Der Kampen wird wegen seiner Form von manchen als kleines Matterhorn oder „Tobleroneberg" bezeichnet.

reden nicht darüber. So wären einige Feste und Festivals ohne ihr Mäzenatentum nicht möglich. Und wer erkennt schon, ob beim Waldfest einer am Zapfhahn steht, der sonst Millionen scheffelt, oder ob es einfach ein Trachtler aus dem Verein ist?

Verbundenheit

Aber übers Klischee hinaus wird hier etwas gelebt, was anderswo augenscheinlich fehlt: Verbundenheit zu dem, wo wir herkommen. Wir sprechen Fremdsprachen, aber auch noch Bairisch, wir tragen High-Performance-Outdoor-Kleidung, aber auch Dirndl und Lederhosen. Das Handwerk, die Rosserer, die Musikanten, die Gebirgsschützen – von außen schaut's manchmal aus wie bayerisches Disneyland. Aber es gehört zu uns, darauf sind wir stolz und pflegen es.

Unsere Gäste dürfen daran gerne teilhaben, denn dieses Gefühl von Verwurzelung stärkt ganz offenbar auch ihnen die Seele für den Alltag.

Glückliches Tal

Entspannen, schlemmen, shoppen, wandern, mit Leuten reden – auf dem Weg dahin möchte Ihnen dieser Reiseführer ein Begleiter sein. In jedem Kapitel finden Sie einige „Talige", so nennt man die Einwohner hier, die Ihnen ihre Geschichte erzählen. Sie könnten Ihnen auch persönlich begegnen, denn alle sind am Tegernsee daheim und arbeiten daran mit, dass Tegernsee zukunftstauglich bleibt. Seit gut 1250 Jahren erfindet sich das Tegernseer Tal immer wieder neu. Seien Sie herzlich willkommen in diesem glücklichen und wunderschönen Tal!

B'sonders

Das sollten Sie im Tegernseer Tal einmal erlebt haben

1 Der Wallberg
Mit der Bahn auf das Wahrzeichen hinaufgondeln: Der Blick streift Richtung Norden über den See und Richtung Süden über das Meer der Alpengipfel.

2 Schifferlfahren
Einmal die Große Rundfahrt auf dem Tegernsee machen, das ist wie Kreisen im Zentrum einer eigenen Galaxie.

3 Tegernseer Klosterkirche
Über barocke Kunst im Gewölbe staunen – den Tegernseer Marmor unter den Füßen und die steinernen Gästebuchtafeln der Wittelsbacher an den Wänden.

4 Bräustüberl
Das Tegernseer Bier dort trinken, wo es herkommt, direkt neben der Brauerei in zünftiger Wirtschaft.

5 Wildbad Kreuth

Auf den Spuren großer Geschichte – einst ein ganz früher Treffpunkt europäischer Großmächte, dann von Strauß bis Stoiber CSU-Fernsehkulisse. Jetzt beginnt hier eine neue Zukunft.

6 Herzogliche Fischzucht

Den Saibling frisch geräuchert mit einem Glas Weißwein genießen – direkt unter den mächtigen bewaldeten Berghängen.

7 Jod-Schwefelbad

Vom Heilwasser in Sprühbädern die müden Knochen reparieren lassen.

8 Gut Kaltenbrunn

Auf dem Bankerl sitzen und den Blick auf die Blauberge ganz im Süden schweifen lassen.

9 Naturkäserei

Heumilch trinken, Leonhardstoaner Käse mit Bockshornklee und ein deftiges frisches Brot essen.

10 Überführer

Sich mit dem Ruderboot von der Tegernseer Point ans andere Ufer übersetzen lassen, fühlt sich an wie eine Zeitreise.

Sieben Souvenirs
fürs Herz

Die kleinen Erinnerungen, die im Herzen bleiben, sind oft die schönsten Souvenirs im Reisegepäck, die noch lange im Alltag nachleuchten. Im Tegernseer Tal können Sie solche Momente sammeln, auch ganz ohne viel Aufwand oder hohe Ausgaben. Hier geben wir Ihnen ein paar Ideen und Anregungen von Menschen, mit denen wir über ihr Lieblingsfleckerl im Tegernseer Tal gesprochen haben.

1 Weißwurstfrühstück

Ein Besuch im Bräustüberl ist freilich das ganze Jahr über eine zünftige Angelegenheit. Aber Leut' schauen, ein Tegernseer Helles vor sich, dazu eine Brezn und zwei Weißwürst', das ist am Samstagvormittag besonders schön. Die Gäste sind entspannt, der Tag noch unverbraucht und der Ratsch einfach nett.
Peter Hubert, Bräustüberl-Wirt

2 Paradiesische Perspektiven

Die Natur ist so wandelbar, der See hat jeden Tag eine andere Farbe, das Licht ist nie gleich. Ungewöhnliche Blicke auf den Tegernsee gibt es am Weg übers Alpbachtal zum Großtegernseer Berg, dort oben, wo der Brandner Kaspar und ich daheim sind.
Daniel Glasl, Fotodesigner

3 Am Weißachdamm entlang spazieren

Im späten Nachmittagslicht an der Weißach entlang spazieren, dabei mit meiner Frau ratschen und schauen, wie die Hunde rumspringen und schnuffeln. Die Weißachau ist ein Paradies, das wir sehr schätzen.
Uli Hoeneß, Präsident FC Bayern

Tradition und Brauchtum
Quirinuswasser

Der Heilige Quirinus, ein römischer Märtyrer des 3. Jh., ist Schutzpatron der Tegernseer Kirche, seine Reliquien werden im Seitenaltar aufbewahrt. Der Glaube spricht Quirinusöl und Quirinuswasser Heilkraft zu.
Es sei besonders bei Augen- und Ohrenleiden hilfreich. Das Wasser ist in der Kirche erhältlich.

 4 Hoagaschten auf der Königsalm

Dabei sein, wenn ein Hoagascht eingsagt ist, also wenn die Musikanten kurz entschlossen ihre Instrumente auf die Alm rauftragen und vor der Alm ihre Stückeln aufspielen. Das ist für mich unvergleichlich schön und echt.

Birgit Halmbacher, Organisatorin des Bergfilm-Festivals bei der Stadt Tegernsee

Herzerlschmuck von der Porzellanmalerin Rosa Maria Wilfert.

 5 Unterm Baum auf dem Bankerl sitzen

– am liebsten am Seeuferweg zwischen Ganghofer-Haus und Stieler-Haus, und den Blick über die Egerner Bucht schweifen lassen. Wie sagte der Heilige Vater, Papst Benedikt XVI. em., einst – ein paar Mal saßen wir da – „ein wirklich gottgesegneter Fleck!"

Thaddäus Kühnel, Chauffeur von Papst Benedikt XVI. em., bringt ihm Weihnachten immer Adventskränze nach Rom

 6 Ruhe auf dem Wasser

Die Farben vom Wasser in der Seele speichern, vom Plätschern der Wellen beruhigt werden, nur Wind und Sonne auf der Haut spüren und keinen Gedanken an den Alltag haben, sondern nur Konzentration fürs Stand-Up Paddling. Am liebsten mach ich das zusammen mit meiner Tochter, dann teilen wir uns danach noch ein Bier, sitzen am Steg und ratschen.

Heidi Barnstorf, Kreuther Malerin

7 Zur Holzeralm radeln

Da oben ist wenig los, die Holzeralm liegt inmitten von Almwiesen und ist weit weg von bewirtschafteten Hütten und bekannten Gipfeln. Man fährt durch Wälder und durch Lichtungen. Nach einer Rast geht's über Marienstein runter und zurück nach Bad Wiessee.

Jupp Brenner, Freihaus Brenner

GMUND

Beni Eisenburg:
„Die Sommerfrischler
waren ein Glücksfall"

Wer an den Tegernsee reist, der kommt zuerst nach Gmund, dem Tor zum Tal. Der Ausdruck entspringt nicht der modernen Werbesprache, es hat hier wirklich einmal ein Tor gegeben. Es stand am Gmunder Berg, dort, wo heute der „Gasthof am Gasteig" steht. Ein Wandgemälde am Haus daneben erinnert noch daran. Soweit wir wissen, war das Tor wohl eher ein Stadl, in dem sich die Bauern von Gmund mit ihren Fuhrwerken unterstellen konnten. Als König Max I. Joseph dann am Tegernsee seine Sommerresidenz nahm, ließ er das Tor abreißen, damit seine Kutschen besser durchkamen. Ein Nadelöhr ist die Stelle bis heute geblieben. Mit den Wittelsbachern reisten übrigens auch die ersten Sommerfrischler an. Für das Tal war es ein Glücksfall. Der König erließ eine Art Wirtschaftsprogramm. Die Handwerker im Tal sollten für den Hof walken, nähen, ihre Tracht produzieren. Wir haben einen alten Stich, der zeigt Max I. Joseph mit den Prinzen Ludwig und Otto in Tegernseer Tracht. Der Hof und dann die Sommerfrischler ließen sich schon bald auch die hiesige Kleidung anfertigen. Dass „Zuagroaste" Lederhose oder Dirndlgwand tragen, ist also keine Erfindung unserer Zeit, damit kurbelte man vor zweihundert Jahren das Handwerk an. Das Besondere ist, dass wir unsere herkömmliche Kleidung immer noch tragen. Die Tracht lebt! Dirndl und Lederhose gehören auch zum Alltag und werden nicht nur an Feiertagen herausgeholt. Die Burschen fesch mit Gilet und Hut, die Dirndln im Dirndl, solide und eines schöner als das andre. Das macht was her, macht Eindruck bei unseren Gästen und ist eine rechte Freud.

Beni Eisenburg ist Archiv-Pfleger in Gmund. Veranstaltungen mit ihm finden sich im Kalender der Tourist-Infos.

Michael Käfer:
„Das Tegernseer Tal ist für mich die Vorstufe zum Paradies"

Waschechter Tegernseer bin ich noch nicht. Das muss man sich erarbeiten und es dauert – mit Recht –, bis man hier akzeptiert wird. Ich bin aber schon lange ein zuagroaster Tegernseer, genau genommen, seit ich laufen kann. Wir haben hierher oft Ausflüge gemacht und haben hier auch ein Wochenendhaus. Ich liebe dieses Fleckerl Erde. Und ich verstehe, je mehr Zeit ich auch im Alltag am See verbringe, dass die Tegernseer so gut auf dieses wunderschöne Tal aufpassen. Das ist wichtig, damit es weiterhin so bleibt.

Auf Kaltenbrunn stehen wir inzwischen gut da. Seit dem Sommer ist auch der Biergarten gut aufgestellt. Während der Bauphase hatten wir manches unterschätzt. Wir wollen für viele Menschen zwischen München, Holzkirchen, Bad Tölz und Miesbach eine Anlaufstelle sein und sie an dieser schönen Natur teilhaben lassen. Ich wünsche mir auch, dass noch mehr Kulturelles passiert. Ideen dazu haben wir viele. So könnte der traditionelle Tag der Blasmusik zu einem Wochenende der Blasmusik werden. Der See so weit, die Berge so lieblich, so stellt man sich im Ausland nicht nur Bayern, sondern gleich ganz Deutschland vor. Für mich ist das Tegernseer Tal die Vorstufe zum Paradies.

Michael Käfer, Münchner Gastronom. Er holte mit dem Nachtclub P1 in den 80ern den New Yorker Lifestyle nach München. Als sein Vater den Familienbetrieb „Feinkost Käfer" an Investoren verkaufen wollte, nahm er Kredite auf und führte das Unternehmen selbst in die Zukunft. Seit 2015 betreibt er Gut Kaltenbrunn.

Gmund
Das Tor zum Tal

Gmund liegt am Nordufer des Tegernsees. Ein großer Teil der Seeuferlinie gehört zum Gemeindegebiet. Die Ortschaft entwickelte sich an der Mündung der Mangfall, dem Fluss, der hier aus dem Tegernsee abfließt. Gmund wird gerne als familiäres, bäuerliches Dorf dargestellt. Das stimmt, und stimmt auch nicht. Denn in Gmund gibt es auch Industrie wie die Papierfabrik, und nicht wenige Bewohner pendeln täglich zur Arbeit nach München, was heute dank der Bahn problemlos möglich ist. Kurzum: Gmund ist das Tor zum Tal und die Tür zur Metropolregion München.

Erst seit 1926 heißt die Gemeinde offiziell Gmund am Tegernsee. Bis dahin nannte sich der Ort Ostin. Das ist heute ein Ortsteil. Dort erfreuen sich Skicrosser, Waldfestler und Wanderer des Lebens. Überhaupt hat Gmund

Die Mangfall strömt in Gmund aus dem Tegernsee, bei Rosenheim fließt sie in den Inn.

sich aus sehr vielen Dörfern gebildet. Gut Kaltenbrunn ist einzig, in Gasse stehen die schönen Bauernhöfe, in Dürnbach gibt es Discounter, Apotheken und Co-working-Spaces, in Finsterwald steht die Tegernseer Tal-Schule, in Moosrain lässt sich's praktisch wohnen und das Herzogliche Brauhaus Tegernsee füllt hier sein begehrtes Bier ab.

 Anschauen

St. Ägidius

Wer die Pfarrkirche von Gmund besucht, kann davon ausgehen, dass er auf sehr altem Terrain steht. Die Urpfarrkirche aus Holz muss bereits vor der ersten Jahrtausendwende bestanden haben. Eine Urkunde belegt fürs Jahr 1087, dass an ihrer Stelle eine Kirche aus Stein errichtet wurde. Die Fundamente und ein Teil des Turms, in etwa der Teil bis zur Kirchturmuhr, stammen aus dieser Zeit. Der Rest wurde 1688 neu erbaut. Baumeister war derselbe Mann, Lorenzo Sciasca, der in München auch die Theatinerkirche fertigstellte. Wer die Kirche genauer kennenlernen will, sollte bei Hans Latein, dem Mesner, zuhören.

Kirchenweg 8, Gmund

Friedhöfe

Der Gmunder Kirchfriedhof ist einer der bedeutendsten des Oberlandes. Pfarrherren und Baumeister, Jäger und Wildschützen, Bauerngeschlechter, Volksschauspieler und Handwerker, deren Namen Eingang in bayerische Geschichte und Kultur nahmen, haben hier ihre letzte Ruhe gefunden. Am Bergfriedhof, etwas weiter oben, liegen Prominente wie Wirtschaftswunder-Bundeskanzler Ludwig Erhard, Skisportpionier Willy Bognerund seine Schwiegertochter, die Modedesignerin Sônia Bogner oder Radiomoderator Fritz Rauch. In Gmund gibt es übrigens auch den ältesten Soldatenfriedhof Bayerns. Diese Erinnerungsstätte liegt am Weg nach Kaltenbrunn.

 Jagerhaus und die wuiden Jaga

Hier wohnte der „Wilde Jager von Gmund". Johann Baptist Mayr, königlicher Revierjäger, machte sich einen Namen als gnadenloser Wildererfänger. Er wurde dann selbst elendiglich erschlagen. Das war im ausgehenden 18. Jh. Heute hat das Gmunder Heimatmuseum hier seinen Sitz. Im Keller steht ein Tongefäß, das vermutlich aus der späten Bron-

Johannifeuer zu Berg und Wasser

Lichterfest

Zu Sonnwend, wenn wir den längsten Tag und die kürzeste Nacht haben, werden in anderen Gemeinden große Bergfeuer entzündet. In Gmund findet an Johanni (24.6.) bei gutem Wetter das Lichterfest statt. Tausend Kerzen werden in kleinen Booten und Gefäßen zu Wasser gelassen und tanzen die Mangfall hinein, von Fackelschwimmern begleitet. Zauberhaft!

zezeit stammt. Es dürfte Beweis sein, dass die Besiedlung des Voralpenlandes sehr früh erfolgte.

Seestr. 2, Gmund

Gasthof Maximilian

Er ist das Schmuckstück des Tals, eine Preziose des Denkmalschutzes. Herzogin Anna in Bayern, die dem Herzoglichen Brauhaus Tegernsee vorsteht, hat den beharrlichen Schandfleck gekauft und mit viel Gespür herrichten lassen. Tätig waren einige Tegernseer Handwerker, deren Vorfahren schon vor Jahrhunderten beim Bau dabei waren. Ein Zimmerer fand sogar den Namenszug seines Urahnen an einem

Balken und setzte nun den seinen dazu. Die Taverne, älteste Gastwirtschaft des Tals, wurde 1449 vom Tegernseer Abt gegründet. Nach der Säkularisation ging sie in Besitz des Königs über. Dieser verkaufte an Metzger Joseph Obermayr, sein Sohn wurde der berühmte Viehzüchter, der die Zucht des Miesbacher Fleckviehs begründete. Einst nächtigten hier Zar Alexander I. und Kaiser Franz I. von Österreich hier. Heute lässt es sich hier bei den Wirtsleuten Gartenleitner hervorragend und zünftig essen.

Tegernseer Str. 2, Gmund

Mangfallabfluss und Thomas Mann

Die Mangfall hat einen ganz eigenen Charakter, sie fließt ruhig und gemächlich hinaus, so als nähme sie die Ruhe der Berge mit hinunter, Richtung Inn, Donau Schwarzes Meer. Der Seeuferweg führt durch Schilf und Vogelschutzareal. Hier ist auch ein schöner Hundestrand. Ein Weg, den schon Thomas Mann und sein Hund Bauschan sehr schätzten. Familie Mann sommerfrischte hier oder in Kreuth. An den Dichter erinnert die Skulptur, direkt dort, wo der See zum Fluss wird.

Oedberg bei Gmund

Keine Kultur, aber Kult: 1,5 Kilometer runter rasen auf Sommerrodeln, im Kletterwald sich verhakeln, nett aufjaulen im Streichelzoo, das ist hier geboten. Im Winter Skicross-Weltcup, Langlauf oder Schlauchreifenrutschen. Dank Beschneiungsanlage ist das ganze Jahr was los. In der Oedbergalm gibt es zu jeder Jahreszeit was zum Essen.

Angerlweber 3, Gmund-Ostin
www.oedberg.de

St. Quirin

Die Filialkirche von Tegernsee wird aufwändig restauriert. An dieser Stelle passierte das erste Wasserwunder am Tegernsee. Bei der Überführung der Reliquien des Heiligen Quirinus ins Kloster entsprang bei der letzten Rast eine Quelle mit Heilwasser, so die Legende. Sie ist in der Mitte der Kirche in einem Brunnen aus rotem Tegernseer Marmor gefasst. Der Bau stammt von 1450. Zur gleichen Zeit wurde die andere wichtige Heilquelle entdeckt: das Quirinus-Öl. Als man darum später im Tal nach Öl suchte, fand sich die stärkste Jod-Schwefel-Quelle Deutschlands.

Direkt an der Bundesstraße,
Gmund-St. Quirin

Blickrichtung Süden – von Kaltenbrunn bis Tirol schweift das Auge.

✕ Schlemmen und Schlafen

Berghammer's

Vier Sterne, fünf Ferienwohnungen – auf dem Hof der Familie Berghammer lebt die echte Ferienlaune. Die Wohnungen sind mit viel Holz ausgestattet und sehr gemütlich. Zwei haben einen Kaminofen. In dem Drei-Generationen-Haushalt ist jeder für die Gäste da. Der Tegernseer Höhenweg beginnt vor der Haustür.
Ab 76 €, Gasse 27, Gmund
Tel. 08022 660315,
www.berghammers.de

Enoteca Rosso

So klein, so großartig – direkt an der Mangfall, in einem Mini-Häuserl, gibt es die wohl beste Pizzeria im Tal. Bekannt ist sie für ihre Piccata milanese. Gut schmecken freilich auch Pasta, Fleisch und Fisch. Eine Mischung aus 50er-Jahre-Ambiente und puristischem Style.
Tegernseer Str. 2 A, Gmund
Tel. 08022 7047148,
www.rosso-gmund.de

Gruberhof

Uralter Hof – heute ein Paradies für Ferien auf dem Bauernhof, rundherum grüne Hügel, alte Obstbäume und ein Bauerngarten mit Blumen und Kräutern. Wer mag, darf mitarbeiten. Ferienwohnung und Gästezimmer sind einfach, aber gemütlich.
FeWo ab 45 €, DZ ab 22 €,
Grub 1, Gmund
Tel. 08022 76754,
www.gruberhof-gmund.de

Hotel Eder

Das sehr schöne, gepflegte Haus war mal ein Brauereigasthof. Der Eisweiher erinnert noch daran. Die Zimmer sind „a Schau", die Möbel aus Altholz zum Teil selbst geschreinert. Essen – reichhaltig und regional – gibt es nur für Hausgäste. Im Preis inklusive: Sauna, Solarium, Fitnessraum und Fahrradverleih.
Ab 38 €, Am Eisweiher 1,
Gmund-Moosrain
Tel. 08021 8436,
www.hotel-gasthof-eder.de

Jennerwein

Das Haus ist nach dem berühmten Wildschützen benannt, Wirt ist der Weber Schorsch. Seine Küche bietet die hohe Raffinesse der Alpenlandkulinarik. Und doch ist das Jennerwein im Herzen ein echtes bayerisches Wirtshaus geblieben. Mehrfach ausgezeichnet, einfach schön.

Münchner Str. 127, Gmund-
Dürnbach, Tel. 08022 706050,
www.gasthaus-jennerwein.de

Tegernseer Chalet

Nagelneues, helles und modernes
Alpen-Chalet. Auf drei Etagen
können sechs Personen urlauben.
Im Wohnbereich gibt es einen of-
fenen Kamin mit Glasfront. Am
Haus stehen Fahrräder, Wander-
stöcke, Regenschirme und Schlit-
ten kostenlos zur Verfügung.
Ab 210 € pro Nacht bis 6 Pers.,
Schlierseer Str. 53 b, Gmund-
Ostin, Tel. 08022 74946,
www.tegernsee-chalet.de

Gut Kaltenbrunn

Um das einmalige Ensemble,
ein Boden- und Kulturdenkmal,
wird im Tal viel „dischkriert",
also gestritten. Erst wollte man
verhindern, dass das Gut zum
Luxushotel verkommt, dann
kämpfte man dafür, dass es kein
Parkplatz für schwere Laster
bleibt. Schließlich wurde alles
super saniert und der Münchner Feinkost-Gastronom Michael Käfer hat sich mutig als
Pächter in die Bewirtschaftung
gestürzt. Weil er aber mehr
Parkplätze möchte, die wohl die
Ansicht verschandeln würden,
dischkrieren die Tegernseer

weiter mit den Kaltenbrunnern.
Es gibt einen tollen Kinderspielplatz und inzwischen eine Bar,
den Club K1411. K steht für
Kaltenbrunn und Käfer, 1411
ist die Jahreszahl des beurkun-
deten Siedlungsrechtes für Gut
Kaltenbrunn. Guido Perrey,
Resident DJ im legendären Dra-
cula in St. Moritz, hat mit Jac-
queline Rasch das Laissez-faire
Konzept entwickelt.
Kaltenbrunn 1, Gmund
Tel. 08022 1870700, www.
feinkost-kaefer.de/gutkaltenbrunn

Vom Biergarten auf Gut Kaltenbrunn reicht der Blick bis in die
Blauberge hinein.

Genuss und Shoppen

Café Wagner

Traditionscafé mit herrlich großer Auswahl an Kuchen, Torten und Törtchen. Der Wagner-Bienenstich ist legendär. Wer es schokoladiger mag, hat die Qual der Wahl bei den kunstvoll gedrehten Pralinen. Das Erfolgsrezept liegt in den guten Zutaten, viel Können und in der Zeit, die man sich hier dafür nimmt. Genießen direkt im Café, Nähe Bahnhof, oder zum Mitnehmen.

Wiesseer Str. 3, Gmund
Tel. 08022 96860

Gabriele's

Das ist ein Laden, den man entdecken muss. Er schaut von außen aus, als gäb's nur Blumen. Aber es gibt auch Kerzen. Und schöne Wachstuchtischdecken wie damals bei Oma. Und Geschirr und Karten und Wolle und Mode. Also irgendwie zauberhaft und sehr nett, der Laden von Gabriele Schaftari.

Tölzer Str. 5, Gmund
Tel. 08022 74482

Strasser Eisen- und Haushaltswaren

Geschirr, Servietten, Körbe, Besen? Zwei Schrauben? Einen kleinen Haken? Drei Dübel oder einen besonderen Winkel? Hier gibt es alles, und das in kleinen Mengen. Einfach ein Erlebnis, vor allem, wenn man mit dem Inhaber, dem Strasser Klausi, ins Ratschen kommt.

Münchner Str. 31, Gmund
Tel. 08022 7123

Tracht im Tal

Echte und doch moderne Trachtenmode für Manner und Weiberleut gibt es bei Judith Beck am Tölzer Berg. Alles, was sie im Laden hat, würde sie auch selbst tragen, sagt sie. Ihre Tracht ist bodenständig, klassisch und doch mit Pfiff, eben so, wie man sich hier in der Region eing'wandt. Und: Produziert wird das feine Gwand in Bayern, Baden-Württemberg und Österreich. Hochwertig halt.

Tölzer Str. 7, Gmund
Tel. 08022 74074,
www.tracht-im-tal.de

Tre Pini

Schöne Sachen, bunte Lebensfreude – ob hochwertige Deko, Geschirr, Möbel oder Kissen und Taschen, hier gibt es viele Dinge, die das Leben etwas freudvoller machen. Besonders für die Kids gibt es eine riesige

Die Papiermacher aus Leidenschaft bieten Hochglanzkuverts oder echtes Büttenpapier, innovative Papiere oder edles Briefpapier.

Auswahl an niedlicher und individueller Kleidung, Taschen, Schulsachen und Spielzeug …
Münchner Str. 22, Gmund, Tel. 08022 663054, www.trepini.de

Gmunder Büttenpapierfabrik

And the winner is … das Tegernseer Tal! Denn dieses Unternehmen gehört zur Region wie die Berge und der See. Es stellt das glamouröseste Papier aller Zeiten her. In Hollywood wird aus den goldenen Umschlägen der Oscar-Gewinner verkündet, Königshäuser schreiben darauf. Selbst in Japan, in Tokio, wo Papier ein Kultgegenstand ist, gibt es einen Gmunder Papier-Shop. Hier daheim kann man die Bütten-Papierfabrik besuchen und erfahren, wo alles herkommt. Wer hinter die Kulissen schauen und die Abläufe der Papierherstellung selbst erleben möchte, nimmt an einer Fabrikführung teil. Oder kauft sich in der Papierwelt Notizbücher im Dirndl-Gewand, Blöcke im Berg-Schnitt oder mit Mangfall-Wellen-Silhouette. Highlight ist, wenn man dem Chef des Ganzen begegnet. Florian Kohler – ja, das ist der Bruder von Korbinian Kohler (s. S. 122) – führt das Familienunternehmen, das es seit 180

Schöner Wohnen muss nicht nur Hirsch und Holz sein: StudioX, das Atelier für Wohnkultur.

Jahren gibt. Da steckt in jedem einzelnen „Bladl" die ganze Liebe zum Tegernseer Tal! Ein ungewöhnliches Fabrikrestaurant mit dem Namen Mangfallblau bietet kleine „After Work"-Gerichte auf der Tageskarte. Unbedingt anschauen!
Mangfallstr. 5, Gmund
Tel. 08022 75000,
www.gmundboutique.com,
www.gmund.com

Edelbrand-Destillerie Liedschreiber
Schnaps brennen darf der Hof auf der Schafstatt seit jeher. Aber das ist viel zu banal beschrieben. Denn hier werden Lebenselexie-re hergestellt, Hochprozentiges mit Geist. Zum Beispiel Rosenlikör aus purpur-roten Blütenblättern. Oder Sauerkirsch- und Schlehenlikör. Es gibt auch den „Meisterwurz", einen Schnaps aus der eigens von Hand gegrabenen Meisterwurz; der schmeckt leicht zitronig und nach Bergkräutern. Andreas Liedschreiber ist für die Destillate zuständig, Anna-Maria für die Liköre. Beide sind Edelbrand-Sommeliers. Besucher können die Destillerie besichtigen, beim Brennen zuschauen und natürlich die edlen Tropfen verkosten. Ein neuer Veranstaltungsraum, der Destillenzi, ist gerade fertig. Darin kann man auch Geburtstag feiern oder Tagungen abhalten.
Besichtigung mit Führung und Verkostung 10 €/Person, Schaubrennen mit Verkostung 18 €/Person. Schafstatt 1, Gmund
Tel. 08022 75412,
www.liedschreiber.com

StudioX
Ein Ort, an dem man einen Blick in die Zukunft des Wohnens werfen kann. Das Gmunder StudioX in Dürnbach ist viel mehr als ein Möbelshop, es vereint DesignArt-Lifestyle mit italienischem Lebensgefühl

und zeigt visionäres Möbeldesign. Lichtobjekte, Megachairs, hier wartet die Fülle der kleineren und jüngeren Labels aufs Kennenlernen. Christian Grübl gründete im Jahr 1997 die Firma als Entwicklungspartner für Autositze wie BMW, Audi oder Mercedes – so schnittig lässt sich mit ihm noch immer über Sitzmöbel diskutieren.

Münchner Str. 140, Gmund-Dürnbach, Tel. 08022 66540, xmobil.de/studiox

macht SINN

Radikal regional kann man hier einkaufen, genießen, feiern und kochen. Andrea Brenner und Bernhard Wolf haben einen Genussmarkt eröffnet. Der hat regionales Bio-Obst und -Gemüse sowie jede Menge feine, lokale Köstlichkeiten im Angebot. Wer keine Zeit zum Kochen hat, kann Leckereien fix und fertig zubereitet mit nach Hause nehmen. Oder am großen Esstisch schnabulieren. Hier wird täglich gekocht, aus hundert Prozent regionalen Zutaten und auch für individuelle Wünsche vom Küchenchef zubereitet.

Tegernseerstr. 10, Gmund
Parkplätze finden sich auf der Rückseite des Gebäudes
Tel. 08022 9809326,
www.machtsinn.bayern

Körbeweise knackiges Bio-Gemüse und gschmackiges Obst aus der Region – der Genussmarkt macht SINN.

GMUND

 Genießertour rund um Gmund

Schwierigkeit: mittel – Länge: etwa 12 km – ca. 300 Höhenmeter –
Gehzeit: fast 2,75 Stunden – Einkehr: Liedschreiber, Oberbuch-
berger's, Strandbad Seeglas

Highlights:
Das Glitzern der Mangfall – lieb-
liche Weiden und bunte Wiesen
– Rosenlikör und wilde Jager –
Bauernhofidylle und Seeblick

Es ist eine gemütliche Tour. Sie
führt mitten durch abwechs-
lungsreiches, hügeliges Voralpenland, vorbei an Weilern, Ge-
höften und Einöden. Die Wege
sind leicht zu gehen, verlangen
aber etwas Kondition, denn
zwölf Kilometer wollen gegangen werden.
Vom Parkplatz am Volksfest-
platz Gmund geht es Richtung
Papierfabrik, entlang der Mangfall flussabwärts, schnell wird
es ruhig. „Am Brand" biegt der
Weg hinauf zur Schafstatt. Die
erste Etappe der Genussroute ist
erreicht: Hier in der Destillerie
Liedschreiber kann man sich
mit Geistigem und Hochprozen-
tigem auseinandersetzen. Weiter
geht's zum Gruberhof im Grund.
Etwas unterhalb davon erinnert ein Marterl an die Jäger-
schlacht von 1833. Das wäre ein
Krimi-Genuss, gäbe es das als
Buch zu lesen. Aber so erinnert
nur eine Tafel an eine wilde Geschichte: Der Revierjäger Mayer
erschoss einen Wilddieb, das
rächten mehrere Wildschützen.
Jäger und Jagdgehilfe wurden
dabei mit den Gewehrkolben
erschlagen. Der eine war sofort
tot, der andere siechte noch drei
Monate dahin und starb „an Ge-
hirnverjauchung", wie das in den
alten Akten notiert ist. So lieblich die Gegend, so gnadenlos
war das Leben früher. Oben auf
der Eck öffnet sich der Blick hinaus in die Münchner Ebene und
hinüber zum Taubenberg. Bei
Antenloh muss man die Schlierseer Straße überqueren, Vorsicht
dabei! Unterhalb vom Oedberg
führt der Weg durch alte Al-
lee-Bäume nach Niemandsbichl
und Gasse. Hier endlich ist ein
weiteres Genuss-Ziel erreicht:
der Hofladen vom Oberbuchberg-
ghof. Zwischen schnatternden
Gänsen und Hühnern sitzt man
im Garten und kann ein dick
belegtes Schnittlauchbrot oder

eine große Tasse Milchkaffee mit frischem Käsekuchen essen. Da geht einem das Herz auf! Danach ruft die letzte Etappe: hinunter über den Buchbergerweg nach St. Quirin. Der Weg führt am See entlang zum Strandbad Seeglas, es lädt ein, die Füße kurz in den See zu tauchen, zünftig zu essen; Sundowner von Weißbier bis Sprizz machen alles perfekt. Am Seeufer sind es nur wenige Minuten zurück zum Parkplatz. Der Rundwanderweg ist bei Anreise mit dem ÖPNV ab Bahnhof Gmund ausgewiesen.

Oberbuchbergers

Familie Taubenberger verkauft selbst hergestellte Produkte wie Marmelade, Milch, Schnaps, Kuchen oder Bauernbrot, aber auch Käse von der Naturkäserei oder Wurst vom heimischen Metzger. Wer ein bisserl länger bleiben will: Hier gibt es Ferienwohnungen.
Gasse 40a, Gmund
Tel. 08022 3117,
oberbuchberghof.jimdo.com

Typisches Handwerk

Hier kann man etwas bestellen oder bei der Arbeit zuschauen. Um Anmeldung wird gebeten!

Gottfried Schätz, der Hutmacher am Tegernsee

Für jeden Kopf gibt's einen ganz eigenen Deckel! In vierter Generation führt die Tegernseerin Doris Schätz-Gollé die Huaterei. In der Werkstatt werden traditionelle Filz- und Velourshüte in vielerlei Formen und Farben angefertigt. Um aus dem Rohmaterial, dem sog. „Stumpen" – einem Filzkonus in Einheitsgröße – einen tragbaren Hut zu machen, sind viele Arbeitsschritte notwendig. Eine umfangreiche Holzformensammlung, über Jahrzehnte zusammengetragen, ist die Basis für die Fertigung eines individuellen Hutes.
Rosenstr. 16, Tegernsee
Tel. 08022 3020,
www.hut-schaetz.de

Josef Winkler, Trachtenschneider

Trachtenjoppen und -mäntel aus Loden, Leinen, Flanell oder Kammgarn – die Maßschneiderei liefert an Könige, Herzöge und – freilich – auch an normale Kunden. Seit 1903 gibt es den kleinen Familienbetrieb. Etwa sieben handgefertigte Trachtenjoppen fertigt Familie Winkler pro Monat, die begehrte „Tegernseer" Jacke sollte daher drei Monate im Voraus bestellt werden.
Mühlauerweg 7, Kreuth
Tel. 08029 242

Karl Stecher, Federkielstickerei

Geldbörsen, Ranzen, Gürtel und Hosenträger – bereits in der sechsten Generation führt Familie Stecher das Handwerk

Tegernseer Keramik (o. l.),
Hutmacherei (o. r.), Gold-
hofer-Christbaumkugel.

der Federkielstickerei weiter.
Der Federkiel ist ein reines Na-
turprodukt, nämlich der Kiel
von Pfauenfedern. Seine Natur-
farbe ist weiß. Bunter Federkiel
ist mit Naturfarben gefärbt. Mit
der Ahle entsteht Stich für Stich
die Stickerei in überkommenen
Mustern auf feinstem Rinds-,
Kalbs- oder Ziegenleder. Karl
Stecher übernahm den Familienbetrieb des Federkielstickens und
führt nebenbei noch seine Hof-
sattlerei und Polsterei.
Münchner Str. 27, Gmund
Tel. 08022 7243

Peter Lamm, Holzdrechsler
Zeitlos schöne Obstschalen,
Wandteller, Kerzenständer und
besonders exklusive Schreibge-
räte drechselt der Rottacher, seit
er in Pension ist.

Werkstatt und Ausstellungsraum:
Anzengruberweg 5, Rottach-
Egern, Tel. 08022 67236

Tegernseer Keramik
Hafnergeschirr, Keramik, Kachelofen – seit 1901 produziert
Familie Ulbricht Keramik am
Tegernsee. Der Gründer des Fa-
milienbetriebs war übrigens der
Erste, der Kacheln für Kachelöfen liefert! Heute führen die
Geschwister Monika und Her-
mann die Tradition weiter. Von
großen Kachelöfen bis hin zu fei-
nem Geschirr und Gartendeko-
rationen fertigen sie von Hand.
Ihr Haus ist übrigens nicht zu
übersehen, denn die Fassade
zieren bunte Keramikbilder. Wer
selbst mal Hand anlegen möchte, besucht einen der Kurse, für
Kinder und Erwachsene.

Martina Gistl: Handdrucke mit
alten Modeln für frische Modelle.

Wotanstr. 1, Rottach-Egern
Tel. 08022 5492,
www.tegernsee-keramik.de

Martin Goldhofer, Holzschnitzer

Christbaumkugeln oder Oster-
eingrichtl – Martin Goldhofer,
eigentlich Pensionswirt „Zum
Bockweber" und gelernter Zimmerer, hat aus seiner Freizeitbe-
schäftigung eine ungewöhnliche
Handwerkskunst gemacht. Er
fertigt als Einziger auf der Welt
durchbrochene, hohle Holzku-
geln. Aus edlem Holz wie Pali-
sander, Wenge, Ebenholz, Zirbel,
Fichte entstehen zu Weihnachten zauberhafte Christbaumku-

geln, und zu Ostern gibt es wun-
dervoll geschnitzte Ostereier.
Wolfsgrubstr. 5, Rottach-Egern
Tel. 08022 5716,
www.kunstrundumsholz.de

Martina Gistl, Handdruckerei

Wie in alten Zeiten bedruckt
Martina Gistl Stoffe aus Natur-
fasern mit traditionellen oder
auch ausgefallenen Mustern. Im
Handdruckverfahren entstehen
individuelle Meisterwerke, die
bereits in kleinen Mengen ge-
ordert werden können. Auch
das „alte Leinen" erstrahlt neu
bedruckt in frischem Glanz. Besonders beliebt sind ihre Stoffe
für Möbel, Kissen und Beklei-
dung und speziell für Dirndl.
Gasse 16, Gmund
Tel. 08022 74876,
www.handdruckerei-gistl.de

Waakirchner Miedertaschen

Es gab und gibt immer viel Vor-
freude und Aufregung, wenn
kurz nach der Firmung die
jungen Madl ihr erstes Mieder-
gwand angepasst kriegen. Aber
freilich werden es immer weniger, die sich diese traditionelle
Tracht machen lassen. Und so
hatte die Waakirchnerin Barbara
Wimmer die Idee, sogenannte
„Miedertaschen" mit den alten

Mustern zu kreieren, damit diese nicht in Vergessenheit geraten. Sie zieht in den Stoff die typischen Tunnelgänge, füllt sie mit Peddigrohr oder Reis und lässt einen Feintäschner rund um die edle Seide feinste Taschen aus Kalbsleder machen. Es entstehen so hochwertige Taschen, Köcher, Tornister, Ränzlein oder Bündel, auf jeden Fall Unikate, und die schauen edel zu jeder Tracht aus.
Frauenreiter Weg 4, Waakirchen
Tel. 08021 7921,
www.bawi-kunsthandwerk.de

Schmuck aus Porzellan

Rosa Maria Wilfert ist Porzellanmalerin. Gelernt und vervollkommnet hat sie ihr Handwerk in der Nymphenburger Porzellanmanufaktur. Inzwischen führt sie ihr Können zur Vollendung. Maiglöckchen auf Ohrringen, so groß wie ein halbes Cent-Stück, Rosen auf Knöpfen am Gwand – ihre bezaubernden Werke werden von einigen Goldschmieden im Tal angeboten. Man kann die Künstlerin aber auch in ihrem Atelier in Miesbach besuchen.
Schmuck z. B. bei Anna Maier,
Seestr. 23, Rottach-Egern
Atelier der Porzellanmalerin:
Tölzer Str. 33 a, Miesbach. Tel.
08025 8382, www.porzellan
malerei-wilfert.de

Weil es zu schade wär, alte Handwerkstechniken nicht mehr auszuüben, macht „BaWi" neue Taschen.

DER TEGERNSEE UND ...

das Brauchtum

Rund ums Jahr wird im Tegernseer Tal gefeiert – mal mehr, mal weniger traditionell, aber immer sehr lebendig.

Leonhardifahrt in Kreuth

Zu Ehren des Heiligen Leonhard findet am 6. November in Kreuth die Leonhardifahrt statt – egal, wie das Wetter ist. Sie gilt als die älteste in ganz Bayern. Rund 30 geschmückte Pferdegespanne fahren nach dem Gottesdienst drei Mal zur Segnung um den Kirchhügel. Trachtenvereine, Schützenkompanien und Musikkapellen beteiligen sich an der Wallfahrt. Abends findet traditionell der Leonharditanz im „Leonhardstoanahof" statt.

Adventszauber am Tegernsee

Christkindlmarkt, Weihnachtlicher Schloss- oder Nikolausmarkt. Jede Gemeinde hat ihren ganz eigenen Winterzauber. Mit dem Pendelschiff lässt es sich von Punsch zu Punsch eilen. Es liegt nicht immer am Wellengang, wenn der Boden schwankt!

Bei der Leonhardifahrt in Kreuth.

Oben: Advent am Tegernsee, unten: Ballonglühen bei der Montgolfiade.

Winterseefest in Rottach-Egern

Alle zwei Jahre gibt es auch im Winter ein Seefest, quasi ein Erbe des traditionellen Pferdeschlittenrennens. Das wissen noch wenige Gäste, denn viel bekannter sind die Feste im Sommer. Ein Eisschnitzer zeigt beleuchtete Eisskulpturen, die Rottacher Goaßlschnalzer und Musikanten sind dabei. Viele Geschäfte haben dann am Sonntag geöffnet. Ein Feuerwerk in der blauen Stunde sorgt für den krönenden Abschluss.

Tegernseer Tal Montgolfiade

Dieses Heißluftballontreffen ist nicht mehr einfach nur eine Veranstaltung, sondern inzwischen zu einer eigenen Tradition geworden. Auf jeden Fall ist es die größte Winterveranstaltung und wohl auch die spektakulärste. 30 Heißluftballonteams reisen im Januar und Februar an, um gemeinsam „in die Luft zu gehen", ein Höhepunkt ist das musikalisch begleitete Ballonglühen in der Abenddämmerung.
www.montgolfiade.de

Am Rosstag zeigen Rösser und Reiter, was sie können.

Rosstag in Rottach-Egern

Am letzten Sonntag im August heißt es: „D'Fuhrleut kemman zamm." 200 Pferde und Reiter mit alten Kutschen, Landauern oder Chaisen bilden einen Zug und reiten den fünf Kilometer langen Weg zum Festplatz im Ortsteil Enterrottach. Dort zeigen die Reiter und Kutscher auf der Festwiese den wartenden Gästen bei einem „Schaufahren", was sie draufhaben. Zehnspännig fahren und alle Zügel in nur einer Hand halten, das kann der Kutscher des herzoglichen Gespanns! Blaskapellen, Spielmannszüge und Trachtengruppen begleiten die „Roßerer", wie die Pferdefreunde hier genannt werden. Freilich gibt's auch Bier und Hendl.

Tegernseer Wald- & Seefeste

Ein Geheimtipp sind die Wald- und Seefeste nicht mehr. In Scharen kommen die Gäste auch an Terminen unter der Woche aus der großen Stadt angereist und feiern unter freiem Himmel. Jeder Ort hat sein eigenes Fest, organisiert wird es von den Trachten- und Sportvereinen, die Hoteliers und Wirte liefern Kulinarisches. Dazu wird aufgspielt und tanzt, plattlt und gjuchazt. Auf Hochdeutsch: Es geht rund. Die genauen Termine und auch eventuelle Verschiebetermine wegen schlechten Wetters stehen im Netz.

www.tegernsee.com

Volksmusik

Bei zahlreichen Musik- und Kulturveranstaltungen ist die Volksmusik ein fester Bestandteil der Programme. Beim Hoagaschten kommen Musikanten zusammen und spielen auf. Vor allem Frühjahrssingen und Adventssingen sind beliebte Treffen von Musikanten aus der bayerischen und österreichischen Alpenregion.

Tegernseer Woche

Um Kultur und Brauchtum im Tegernseer Tal geht es in dieser Festwoche im Herbst. Den Auftakt bildet eine Ausstellung von Werken namhafter Künstler, dann folgen Tanz im Schloss, Musik- und Salonveranstaltungen im Barocksaal, es gibt Führungen oder Theater rund um Kultur und Geschichte des Tegernseer Tals. Das Programm ist über die Touristinfos oder im Internet zu erfahren.

Auftanzen und niedersingen – es gehört im Tegernseer Tal zum Leben dazu.

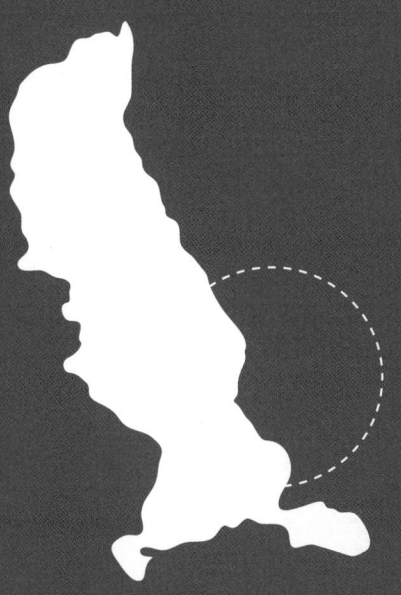

TEGERNSEE

Petra Schwarzenberg – dreifach gut behütet

Gut behütet fühlt sich Petra Schwarzenberg am Tegernsee. Und das gleich in mehrfacher Hinsicht. Behütet ist sie hier aufgewachsen und in die Schule gegangen, aufs Tegernseer Gymnasium. Ein Gefühl, das jetzt wieder da ist, seit die Moderatorin des Bayerischen Fernsehens ins Tegernseer Tal zurückgekommen ist. Aus beruflichen Gründen hatte sie fast zwanzig Jahre weit weg vom Tegernsee, in Köln, gearbeitet und die Heimat immer vermisst: „Hier ist alles, was ich liebe", schwärmt sie, „die Menschen, die Berge, der See, das Lebensgefühl." Rückkehr an den Tegernsee, das war auch die Rückkehr zu den Traditionen, die das Tal ausmachen. Einer ihrer ersten Wege führte sie zur Hutmacherin Doris Gollé-Schätz. Mit ihr zusammen hat sie in der Schulzeit am Gymnasium Tegernsee in einem Schulchor, dem Chanson-Club, gesungen. Nun war die Tochter vom „Huaterer von Tegernsee" selbst Hutmacherin geworden. Ein traditioneller Hut zum Dirndl sollte es für den Anfang sein, ihr persönlicher „Rückkehrhut". Das Handgemachte, das Traditionelle, das Echte sind wichtig für die Identität des Tals und seiner Menschen. „Das Schöne ist, dass das alles von den jungen Leuten im Tal wieder neu erfunden wird", sagt Petra Schwarzenberg. „Es ist einem nicht mehr peinlich, dass man vom Land ist, man ist im Gegenteil wieder stolz darauf." Und so wie sie es sagt, hört man auch bei ihr eine große Portion Stolz mitschwingen.

Petra Schwarzenberg ist bekannt aus Funk und Fernsehen.
2012 kehrte sie zurück zu ihren Wurzeln, beruflich und privat.
Heute präsentiert sie die Rundschau im Bayerischen Rundfunk
und lebt mit ihrer Familie am Tegernsee.

Andreas Greither – vom Tegernseer Geist erfüllt

Seine Familie lebt seit Generationen am Tegernsee. Der Großvater, Arzt und Pionier Dr. Otto Greither, betrieb das erste Sanatorium auf der Point, das „Seeheim". Heute ist es fast zwischen den Gebäuden der Orthopädischen Klinik verschwunden. So sehr es die Familie hinaus in die Welt trieb mit großem Unternehmertum, so sehr fühlt sie sich dem Tal zugehörig. Traditionsverbunden und doch weltläufig ist man. Vater Otto Greither, mit 90 Jahren führt er noch immer sein Unternehmen Salus-Haus und reist regelmäßig nach Chile, Geschwister oder Kinder leben in der Schweiz, in den USA oder sonstwo auf dem Globus. Dr. Andreas Greither engagiert sich sehr fürs Tegernseer Tal, nicht immer ohne Gegenwind. Dass „Zurück zu den Wurzeln" kein leeres Wort ist, hat er bewiesen. Der Westerhof ist Ort der Rekreation. Mit viel Aufwand und Geld hat man das „Stieler-Haus" auf der Point restauriert und wieder zu einem kulturellen Zentrum am Tegernsee gemacht. Das kleine Häusl behauptet sich gegen brandenden Verkehr und grob wachsenwollende Nachbarn. Es ist Mittelpunkt für Kultur und Genuss, für Diskussion und Debatte, für geistreiche Unterhaltung und Kulinarik. Vieles wurde im Original erhalten wie die Rauchkuchl, die sehr seltene und am Tegernsee einzige erhaltene Originalküche von 1830, das Tafelklavier, auf dem einst Felix Mendelssohn-Bartholdy spielte, oder der Salon mit den Möbeln der Familie Stieler aus der Erbauerzeit. Und wofür das alles? Weil der Tegernseer Geist eben genau das seinen Menschen abverlangt, die wirklich hierher gehören: Liebe zum Tal, Freude am Tun, Großzügigkeit und Herzensbildung.

Andreas Greither, hier rechts, mit seinem Vater Otto Greither, ist Arzt, Pharmazeut, Hotelier, Kunstmäzen und Tegernseer.

Tegernsee
Bayern en miniature

Die Stadt Tegernsee liegt am Ostufer des Sees. Mittelpunkt ist die noch immer imposante Klosteranlage, obwohl nur noch etwa ein Viertel des ursprünglichen Bauwerks steht. Die ehemalige Klosterkirche ist heute Pfarrkiche von Tegernsee. Berühmt machte den Ort das Herzogliche Brauhaus Tegernsee mit seinem süffigen Bier und dem Bräustüberl. Aber auch über diese Geschichte hinaus versteht sich Tegernsee als kulturelles Zentrum im Tal.

Mehrere Festivals laden an den Tegernsee. Die Tegernseer Woche gibt einen Einblick in Kultur und Brauchtum, die Wissenschaftstage beleuchten Natur- und Technikthemen, das Westerhof Klosterhoffest versetzt ins mittelalterliche Leben. Alljährlich findet das Internationale Bergfilm-Festival statt und lockt Filminteressierte aus der ganzen

Erst Kloster, dann Schloss – seit 1250 Jahren Mittelpunkt des Tegernseer Tals.

Welt an. Noch immer bewahrt das Tegernseer Volkstheater die Tradition der Bauerntheater. Und das Stieler-Haus hat sich wieder etabliert als das, was es fast 150 Jahre lang war: gastlicher Treffpunkt mit Salonkultur.

Anschauen

Kloster – Schloss Tegernsee

Der Legende nach ist Tegernsee die älteste Ansiedlung am See. Bereits 746 gründeten hier die beiden adeligen Brüder Adalbert und Ottkar ein Benediktinerkloster. Ihr Bildnis findet sich auf dem Relief über dem Kirchenportal. Das Kloster war bedeutungsvolles Zentrum der Buchkunst, berühmt für seine Schreib- und Malschule. Mit der Säkularisation wurde ein Großteil abgerissen. 1817 kaufte der bayerische König Max I. Joseph die Anlage und machte sie zur Sommerresidenz der Wittelsbacher. Heute beherbergt sie die Herzogliche Brauerei Tegernsee, das Gymnasium, die Pfarrkirche und einen privaten Wohnsitz der herzoglichen Familie. Besonders sehenswert ist der Barocksaal im Trakt der Schule. Er ist bei Konzerten und mit Führungen der Tegernseer Heimatführer zugänglich.

Pfarrkirche St. Quirinus

Die Doppeltürme der ehemaligen Klosterkirche zählen zu den ältesten in Bayern. Viele Epochen haben ihre Spuren in der dreischiffigen Basilika hinterlassen. Relikte eines ursprünglich romanischen Gotteshauses sind in Resten in der Krypta noch zu erkennen. Der bestehende Kirchenbau geht auf die Gotik des 15. Jh. zurück, der Innenraum wurde in den 1680er-Jahren barock umgestaltet. Die Fresken zählen zu den Frühwerken der barocken Malerei und stammen von Georg Asam, dem Vater der berühmten Baumeister Cosmas-Damian und Egid-Quirin Asam. Er war als Klostermaler in Tegernsee beschäftigt. In der Seitenkapelle beeindrucken

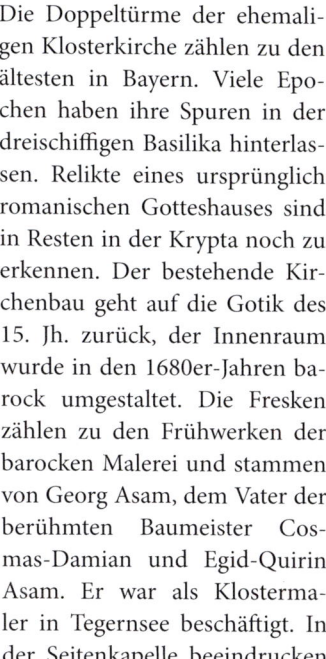

Tradition und Brauchtum
Der „Zither-Maxl"

Herzog Max, Sisis Vater, das Papili aus den herzigen „Sissi"-Filmschnulzen, wurde hier am Tegernsee der „Zither-Maxl" genannt. Er machte das bäuerliche Instrument hoffähig. Seine vergoldeten Zithern, auf denen er auch auf seinen Reisen in den Orient spielte, sind im Museum zu besichtigen.

Tradition und Brauchtum
Die Schoßgeige

Das Instrument ist ein Zwitter aus Geige und Zither. Es kam wohl in den 1820/30er-Jahren auf und war ein Kunst-, nie ein Volksinstrument. Vermutlich entstand es im Austausch von Musikanten der Wiener und Tegernseer Residenzen. So gibt es nicht nur Wiener, sondern – weitaus unbekannter – Tegernseer Schrammelmusik.

Skulpturen des Rokoko-Künstlers Johann Baptist Straub. Leo von Klenze setzte der Kirche im Auftrag des Königs eine klassizistische Fassade vor. Eine umfangreiche Restaurierung wurde 2004 beendet. Seitdem ist das Innere wieder in seiner barocken Schönheit zu sehen.
Schloßpl. 1, Tegernsee

Brauhaus und Bräustüberl

Das Herzogliche Brauhaus Tegernsee kann auf eine lange Tradition des Bierbrauens zurückschauen. Wie überall in Bayern hat auch die Tegernseer Brautradition ihre Anfänge im Kloster. Zum Erlass des bayerischen Reinheitsgebotes im Jahre 1516 wurde wohl bereits seit 500 Jahren Bier gebraut. 1675 erhielt das Kloster schließlich die „Churfürstliche Conzession zum Bierverschleiß", die Grundlage fürs Bräustüberl. 1500 Gäste nehmen im Schnitt am Tag Platz, 45 Stammtische gibt es und 365 Tage pro Jahr ist geöffnet, von 9 bis 23 Uhr. Nur Heiligabend macht man etwas früher zu. Highlights im Jahr sind der Unsinnige Donnerstag, der Josefitag und der Starkbieranstich.
Schloßpl. 1, Tegernsee
Tel. 08022 4141,
www.braustuberl.de

Tegernseer Tal Museum

Gegenüber, im Alten Pfarrhof von Tegernsee, befindet sich das Museum Tegernseer Tal. In 17 Räumen mit rund 850 Ausstellungsobjekten wird die Kultur und Geschichte dieser geschichtsreichen Gegend vom 14. bis zum 20. Jh. gezeigt. Sehr sehenswert! Sehr hörenswert sind in der Winterpause die Vorträge „Samstag um Elf". Man kann auch an Exkursionen zu besonderen Ausstellungen im Land teilnehmen, Termine stehen in der Lokalzeitung.
Eintritt 5 €, Seestr. 17,
Tegernsee, Tel. 08022 4978,
www.museumtegernseertal.de

Am Wasser

Die Seepromenade führt zum Teil *übers* Wasser. Der Steg an der Uferlinie wurde 2013 nach vielen Diskussionen in der Bevölkerung und mehreren Jahren Bauzeit für Besucher freigegeben. Das Tegernseer Rathaus war einmal Schul-, dann Forsthaus. Jetzt hat hier das Standesamt Tegernseer Tal seinen Sitz. 359 Hochzeiten gibt es im Jahr, mit dem schönsten Blick auf den See beim Ja-Sagen. Sofern man nicht auf das heutige Café am Rathaus blickt: Das könnte historisch Empfindsame ins Grübeln bringen, war es in früherer Zeit doch mal Tegernsees Kerker.

Durch die Stadt

Tegernsee ist nicht nur Dorf am See, es hat seit dem Jahr 1954 Stadtrechte. Damit ist es eine der deutschen Städte mit nur wenigen Einwohnern, etwa 3600 leben hier. Hauptschlagader ist die Bundesstraße, durch die sich die meisten Touristen gen Berge stauen. Die Rosenstraße zweigt von ihr ab, sie besticht mit hübschen Handwerkerhäusern aus der Klosterzeit, wie dem Anwesen „Stroh am Alpbach". Beachtenswert nicht nur die schöne Architektur, auch die Lüftlmalerei, die einen Schoßgeigenspieler zeigt.

Entlang des Alpbachs ins Paradies

Der Alpbach ist einer der wichtigen Zuflüsse des Tegernsees. Von der Länd, also wo der Bach in den See mündet, bis hinauf zum Gasthof Schießstätte lässt es sich an seinem Ufer entlangschlendern. Im oberen Teil kommt man an der Kapelle Maria Schnee vorbei, die ursprünglich unten an der Kreuzung von

In Tegernsee gibt es nette Cafés direkt am Wasser. Ein Steg führt am Ufer entlang.

Haupt- und Rosenstraße stand. Für die moderne Erfindung des Autos wurde sie 1935 abgetragen und am Paradies, so nennt sich das Areal hier oben, wieder aufgebaut. Eine Einkehr in der Schießstätte ist unbedingt zu empfehlen. Eine Vielzahl von Schützenscheiben lassen sich im Gastraum, der Heimat der „Königlich privilegierten Feuerschützengesellschaft Tegernsee", betrachten. Gut essen kann man bei Nancy und Gunter obendrein, und der Blick auf den See ist wahrlich paradiesisch.
Schützenstr. 4, Tegernsee
Tel. 08022 6622232,
www.schiessstaette-tegernsee.com

Durch Lärchenwald zur Point

Ein schöner Gang nach Tegernsee-Süd führt durch Lärchenwald, Teil des Tegernseer Höhenwegs. An der Fischerei überquert man die Bundesstraße und steigt hinauf zum Großen Parapluie, einem Holzpavillion, der vor Sonne oder Regen schützt. Ein Denkmal im Boden erinnert an das Treffen von König Max I. Joseph mit Zar Alexander I. von Russland und Kaiser Franz I. von Österreich im Jahr 1822. Von da aus geht's relativ steil hinab zum Stieler-Haus und zur Point. Dort kann man

sich nach Egern übersetzen lassen: Zwischen Mai und Ende Oktober rudert der Überführer Einheimische und Ausflügler über die engste Stelle des Tegernsees.
Ablegestelle Auf der Point, Tegernsee

Christuskirche Tegernsee

Sie ist der älteste evangelisch-lutherische Kirchenbau im Tegernseer Tal, 1894 eingeweiht. Der Innenraum überrascht mit einer wunderbaren Helligkeit. Fünf große Fenster im Kirchenschiff zeigen Szenen aus dem Leben Jesu. Auf der Südseite „Geburt Christi", „Bergpredigt" und „Gethsemane", die zwei Fenster an der Nordseite zeigen „Auferstehung" und „Himmelfahrt".
Hochfeldstr. 27, Tegernsee

Gulbransson Museum

siehe Künstlerroute S. 164

Stieler-Haus

Tagsüber Café mit Kuchengenuss, sonntags Brunch-Location, abends klasse Kultursalon – im alten Atelier des Hofmalers gibt es Begegnungen mit Künstlern aus ganz Europa. Gunter Emmerlich, Opernstar der Dresdner Semperoper, trat auf, es gab Blue Jazz Nights mit Jazzlegende

Dusko Goykovich. Sogar Schauspiele werden geboten, „Dinner for one" auf Bairisch zum Beispiel. Die Menüs dazu sind die pure Gaumengala. In diesem Haus wurde Kulturgeschichte geschrieben. Joseph Stieler war vor 200 Jahren so was wie ein königlich-bayerischer Andy Warhol oder Keith Haring. Er war Hofmaler des Königs, reiste durch Europa und nahm neue Trends auf, setzte erstmals die Portraitierten in Szene. Von ihm stammen die berühmten Portraits von Beethoven, Goethe und Humboldt. Selbst wer diese Geistesgrößen nicht kennt, hat die Stielerschen Bilder bestimmt schon mal gesehen. Und er malte die Damen der Münchner Schönheitengalerie, das war damals völlig ungehörig! Quer durch alle Hierarchien saßen Frauen Modell und bekamen ein Gesicht in der Öffentlichkeit. Das war in etwa so, als würde heute eine hübsche Maid Supermodel bei Heidi Klum werden – nur schöner!

Seestr. 74, Tegernsee, Tel. 08022 7040343, www.westerhofcafe-im-Stieler-Haus.de. Aktuelles Programm: www.Stieler-Haus.de Führungen durch Tegernsee zum Stieler-Haus unter: www.tegernseer-heimatführer.de

Gut sechs Minuten dauert die Überfahrt mit dem Boot an der engsten Stelle des Sees.

✕ Schlemmen und Schlafen

Der Westerhof

Ein Hotel mit fulminantem Blick über den See. Das Haus steht quasi auf dem Balkon des Tegernseer Tals. Ein Jahrtausend gibt es diese Hofstatt hoch droben. Erst war hier ein Lehenshof, dann bewirtschafteten die Mönche den Klosterhof selbst und nutzen ihn zur „recreatio" – Höhepunkt der „Bergrecreationen" war die Schlittenfahrt im Sommer (!) auf den steilen Grasflächen hinunter nach Tegernsee. Heute wartet der Westerhof mit Seeblick-Zimmern und Traumblick-Suiten auf, geräumig und stilvoll ausgestattet. Das Frühstücksbüfett bietet typische Schmankerl sowie Frisches und Gesundes aus der Region, außerdem gibt es eine gute Portion Lebensfreude dazu. Wer will, kann hier sofort auf den Tegernseer Höhenweg oder auf Galaun und Neureuth hinaufsteigen. Wandern oder Nordic Walking, Bergsteigen oder Klettern, Rennradeln oder Mountainbiken, Surfen, Golf spielen oder einfach entspannt, bei einer kleinen Bootstour in der hauseigenen Segeljolle die Seele über dem kristallklaren Wasser des Tegernsees baumeln lassen. Das geht hier alles.

Dann kann man den Tag in der Westerhof-Sauna mit Blick über den See beschließen. Das Abendmenü wird im Stieler-Haus serviert. Dort wird man hingeshuttelt, nein, nicht mit den historischen Schlitten der Mönche, sondern mit den vielversprechendsten Autos der Zukunft – im Elektrocar von Tesla. Die Ladestation für Tesla und andere Elektroautos ist für Gäste kostenfrei.

Frühstück mit Aussicht – „Der Westerhof" ist einer der höchstgelegenen einstigen Klosterhöfe.

Unter den Augen der Schönheiten der Galerie dinnieren Hotelgäste im Stieler-Haus.

Ab 104 €, Olaf-Gulbransson-Str. 19, Tegernsee, Tel. 08022 188988, www.derwesterhof.de

Leeberghof

Am Leeberg geht's steil hinauf, das Hotel Leeberghof ist ein herrschaftliches Haus hoch über dem Tegernsee und beste Adresse für großen Genuss. Inschriften und Malereien erinnern an eine wechselvolle Vergangenheit des Anwesens. Heute wird auf dem Leeberghof auch gerne Hochzeit gefeiert. Die Zimmer sind in einer leichten Übersetzung bayerischer Landhauskultur eingerichtet – traditionell, aber nicht überladen. Das Restaurant serviert gute, gehobene Küche. Besonderes Flair herrscht am Abend in der SASSA-Bar.
Ab 60 €, Ellingerstr. 10, Tegernsee, Tel. 08022 188090, www.leeberghof.de

Seehotel Luitpold

Logieren im denkmalgeschützten Haus direkt am See. Die Zimmer sind in einem Mix aus modern und historisch eingerichtet, teils bayerisch, teils kolonial angehaucht. Im Restaurant gibt es gehobene nationale und internationale Küche und Steaks, hmm! Steaks, sehr feine Steaks! Besonders schön isst man auf der Terrasse mit Seeblick. Die besten Cocktails des Tals gibt es in der Lake Side Bar. Ab 145 €, Hauptstr. 42, Tegernsee, Tel. 08022 1877970, www.seehotel-luitpold.de

Alpbach Suiten

Imposanter Blick und luxuriöses Design – drei famos ausgestattete Suiten laden zum Urlauben. Im Sommer gibt es einen Grillplatz für die Gäste, im Winter eine Außensauna mit Bergblick. Ab 140 €, Tel. 08022 93286, www.dasalpbach.de

Café Kreutzkamm

Penthouse überm See – direkt am Wasser, mit eigenem Badesteg. Außerdem gibt es im Haus noch zwei Ferienwohnungen. Wer Frühstück serviert haben möchte, das gibt es im Café, auf der Sonnenterrasse oder vor großen Fenstern zum See im Café. Ab 90 €, Hauptstr. 45–47, Tegernsee, Tel. 08022 2719278, www.kreutzkamm.de/tegernsee

Kohlhauf Hof

Auch das gibt es noch: Ferien auf dem Bauernhof in Tegernsee-City. Auf 900 Meter Höhe liegt der Kohlhauf Hof. Einfache, helle und gemütliche Doppelzimmer und Ferienwohnungen bietet Familie Berghammer ihren Gästen. Um das Haus herum ein großzügiger Garten mit Liegewiese, Spielplatz und Tieren.

Daniel Glasls „Kleine Heimat"-Almwagen.

Christoph von Preysing (l.) und seine Fischer.

Ab 70 €, Neureuthstr. 56, Tegernsee, Tel. 08022 4634, www.kohlhaufhof.de

Kleine Heimat Tegernsee

Ein mobiles Ferienhaus bietet der Almwagen, den Fotodesigner Daniel Glasl geplant hat. Hier trifft bayerische Gemütlichkeit auf skandinavischen Charme mit Funktionalität. Es gibt eine Miniküche inklusive Herd und Kühlschrank, Dusche, WC, ein King-Size-Bett, Schwedenofen sowie WLAN. Alles auf nur 15 Quadratmetern Fläche. Wohldurchdacht und mit viel Stil. Standplätze sind je nach Saison zu erfragen. Oft an ungewöhnlichen Orten. Ferienwohnungen „Am Jägergraben" gibt es auch. Ab 100 €, Tegernsee Tel. 0172 9111105, www.kleine-heimat.bayern

Übrigens
Die feschen Fischer …

… der Fischerei Tegernsee fischen nicht nur frisch, sie bieten auch einen Helikopter-Service zur Anreise ins Tegernseer Tal. Auf Wunsch aus München oder Salzburg. www.fischerei-tegernsee.com/ helikopter.html Den fangfrischen Fisch gibt es hier: S. 87.

♥ Genuss und Shoppen

Monte Mare Seesauna

Stilvoll und gepflegt – Sauna direkt am See. Auf diesen kann man nicht nur schauen, sondern zur Abkühlung gleich hineinspringen. Im Saunaschiff Irmingard, Baujahr 1925, lässt es sich schwitzen bei Wellengang. Zur Erholung gibt es eine kuschelige Kaminlounge, einen Wintergarten und den 35 °C warmen Whirlpool.

Hauptstr. 63, Tegernsee
Tel. 08022 1874770,
www.monte-mare.de/de/
tegernsee.html

Dirndleria

Tali Amoo hat sich mit Abendkleidern und Dirndlkollektionen, Schmuck und Accessoires international einen Namen gemacht. Ihre Entwürfe werden in Deutschland gefertigt und teilweise von Hand veredelt. Immer wieder blitzt ihre innige Liebe zu Seide, Spitze, Kristallen hervor.

Rosenstr. 19, Tegernsee
Tel. 08022 7056877,
www.dirndleria.com

Useful Things

Wer will schon nach New York oder San Francisco? Tegernsee hat ein echtes Deli! Delikatessen

Von der Hitze direkt in den See – die Monte Mare Seesauna.

aus Frankreich, Weißweine aus der Schweiz, diverse italienische Pasta und andere Köstlichkeiten. Dazu täglich Mittagsgerichte aus elsässisch-schwäbisch-bayerisch-italienischer Küche.
Rosenstr. 3, Tegernsee
Tel. 08022 662230,
www.useful-things.org

Aran

Stilvoller Schick wie in alten Seebädern – ein Hotspot im Tal! Dicke Sauerteigbrotscheiben mit verschiedenen frischen Aufstrichen, Chai-Latte, tausend Kaffeevariationen und süße Sünden gibt es natürlich auch.
Seestr. 8, Tegernsee. Tel. 08022 6634700, www.aran.coop

Tegernsee Arkaden

Urlaub zum Mitnehmen – nur das Beste der Region. Chefin Birgit Scheithauer hat ein großes Herz für ihre Kunden. Sie trägt zusammen, was die Produzenten im Tal an Gutem herstellen. Brotaufstriche und Gewürze, Schinken, Käse, Kaffee, Schokolade oder Schnaps. Es gibt hier allerhand zu entdecken und zu verkosten. Dazwischen einen schnellen Espresso und weiter ins Nachbargeschäft, schöne Mode bei Trachten Jäger gucken.

Seestr. 20, Tegernsee
Tel. 08022 6639009,
www.tegernsee-arkaden.de

Jakob Atzl Gürtelschließen

Hier gibt es die typischen Tegernseer Gürtelschnallen. Nicht nur das Seelaub, es werden auch Wunschmotive gefertigt.
Rosenstr. 21, Tegernsee
Tel. 08022 4654,
www.kunst-vorm-bauch.de

Bäckerei Schinagl

Gutes Brot, feines Gebäck und die besten Schmalznudeln im Tal. Rupert Schinagl jun. knüpft mit neuem Schwung und alten Rezepten an die Familientradition an, ohne jegliche Aromen oder Backmischungen.
Steinmetzpl. 1, Tegernsee
Tel. 08022 6734219

Geschmackssachen

Essen wie bei Mama! Bei Christine Stieglbauer essen die Tegernseer gern zu Mittag. Täglich gibt es eine Suppe, ein Hauptgericht und frisch gebackenen Kuchen. Alles auch zum Mitnehmen. Oder sich becatern lassen.
Schweighofstr. 77, Tegernsee Tel. 08022 6642913,
www.geschmackssachen-tegernsee.de

DER TEGERNSEE UND ...

das Bier

Als Herzog Wilhelm IV. im Jahr 1516 zu Ingolstadt das berühmte Bayerische Reinheitsgebot – und damit das erste Lebensmittelgesetz der Welt – erließ, wurde am Ostufer des Tegernsees wohl schon seit 500 Jahren Bier gebraut. Wie überall in Bayern stand auch hier ein Kloster am Beginn der Brautradition. Freilich darf man sich unter dem „Brauhaus" der Benediktiner keine große Braustätte vorstellen. Das Bierbrauen war nur eines der vielen Gewerbe, die im Kloster Tegernsee von Mönchen und weltlichen Bediensteten in

handwerklicher Art betrieben wurden. Bereits zur Klosterzeit, 1675, erwarb der damalige Abt die „Churfürstliche Conzession zum Bierverschleiss". Das war die Geburtsstunde des Bräustüberls. Nach der Säkularisation wurde die alte Klosterbrauerei zum „Königlich Braunen Brauhaus Tegernsee" und später zum „Herzoglich Bayerischen Brauhaus Tegernsee".

Mit Tradition in die Zukunft

Heute leiten Herzog Max in Bayern und seine Tochter Herzogin Anna die Geschicke der traditionsreichen Braustätte. 72 Mitarbeiter sorgen in der Brauerei für den steten Nachschub. Um ein gutes Bier herzustellen, braucht der Braumeister nur die vier zugelassenen Rohstoffe, ein ausgeprägtes Produktgefühl und handwerkliches Geschick. Wenn die bayerische Brauwirtschaft bis jetzt von Lebensmittelskandalen verschont geblieben ist, dann liegt das auch daran, dass die verwendeten Rohstoffe einer kontinuierlichen und umfassen-

Im Bräustüberl ist sie daheim, die berühmte „Liberalitas Bavariae", das bayerische „Leben und leben lassen".

den Rückstands- und Schadstoffkontrolle unterliegen.

Hohes handwerkliches Können, beste Rohstoffe und eine konsequent traditionsbewusste Herstellungsphilosophie – klassische kalte Gärung, lange Lagerzeit – sind wichtige Eckpfeiler des Selbstverständnisses der Brauerei. Das Tegernseer Hell ist nach Umfragen das begehrteste Bier bei der Kundschaft. Es gibt aber eine geschmackliche Bandbreite vom herbfrischen Hellen über das mildwürzige Spezial bis hin zum eindrucksvollen Dunklen. Sechs Sorten stehen das ganze Jahr über im Angebot, zwei Sorten werden als saisonale Besonderheit gebraut. Produkte sind das Tegernseer Hell, das Exportbier Tegernseer Spezial, Dunkles, Pils, Leicht, Tegernseer Quirinus Dunkler Doppelbock, Blauer Page – ein Bock, der zur Wintersaison erhältlich ist – sowie das anlässlich des 200-jährigen Krönungsjubiläums des ersten bayerischen Königs gebraute Max-I.-Joseph-Bier.

DER TEGERNSEE UND …

seine Geschichte

Es war einmal …

… das Urmeer, „Tethys" genannt, das gab es vor rund 300 Millionen Jahren. Ein paar Hundert Millionen Jahre später crashten die Kontinentalplatten von Afrika und Europa aufeinander und die Alpen falteten sich auf. Am Wallberg, dieser platten Pyramide, sind noch Reste dieses Ereignisses zu sehen – gut ausgebildete Plattenkalkbänke enthalten Muschelsteinkerne und Stockkoralle. Der Weg hinüber zum Blankenstein bietet Geologiefreunden viel Interessantes.

Lesetipp:

Wolfgang Hiller:
„Tegernseer Tal – Naturkundliche Wanderungen"

Dann wurd's sehr kalt …

Die Eiszeit fror die gesamte Region ein, das war so etwa vor 20 000 Jahren. Das Tegernseer Tal war mit 500 Meter hohem Eis bedeckt, an manchen Stellen reichte es bis in eine Höhe von 1500 Metern. Dort, wo sich heu-

te die Autos über den Gmunder Berg stauen, war die Abrisskante des Tegernsee-Gletschers. Der Weg zur Autobahn liegt dann schon in der Schotterebene des Gletscherauslaufs.

Vor etwa 3000 Jahren …

… kamen die ersten Zuagroasten aus dem Norden, so haben es die Wissenschaftler heute erforscht. Der Beweis dafür wurde 1977 bei Bauarbeiten erbracht. Man fand ein paar Scherben in Finsterwald, die sich als kultisches Tongefäß der späten Bronzezeit entpuppten. Darum nimmt man an, dass die Gegend schon besiedelt war. Der Topf steht heute in einer Nische im Keller vom Gmunder Heimatmuseum „Jagerhaus" und kann dort bewundert werden (s. S. 17).

Der Legende nach war es aber anders …

Zwei Brüder, Adalbert und Ottkar, hatten sich mit der Verwandtschaft daheim am Hof von Karl Martell zerstritten. Vom fernen Frankenreich machten

Imposante Einfirsthöfe wie hier in Kreuth und prächtige Handschriften wie die von Jörg Gutknecht von 1515 stammen aus Klosterzeiten.

sie sich auf in die Ländereien ihrer Großmutter Swanahilde, einer bayerischen Prinzessin. Im Jahr 746 kamen sie hier an und erbauten das Kloster Tegernsee. Moderne DNA-Analysen der Gebeine der Klosterstifter ergaben: Sie kamen wirklich von der französischen Atlantikküste, aber es war wohl eher um 760. Der eine Bruder, Ottkar, arbeitete viel, so erzählen uns seine Knochen heute, er wurde wohl nur um die 36 Jahre alt. Der andere, Adalbert, wurde etwa 60 Jahre alt, arbeitete wenig und war der erste Abt des Benediktinerklosters Tegernsee.

Start-up auf der „terra benedictina"

Dieser lateinische Begriff lässt sich mit „Land der Benediktiner", aber auch mit „gesegneter Landstrich" übersetzen. Die Mönche leben nach dem Grundsatz „ora et labora", also „bete und arbeite". Sie sind fleißig, sie roden, sie bauen, sie brauen Bier, kurzum, sie legen erste Wirtschaftsstrukturen an. Strukturen, die bis in die heutige Zeit die Bauern- und Kulturlandschaft tragen. Freilich sind die Klosterhöfe nicht mehr alle Bauernhöfe. Aber so mancher Hof, der heute Gäste beherbergt, stammt aus frühester Zeit, wie z. B. die Altwiesser Höfe oder der Westerhof in Tegernsee.

Kloster Tegernsee als Innovationszentrum

Wilde Zeiten mit Ungarneinfällen und Abwehrkämpfen waren um das Jahr 1000 überstanden. Kaiser Otto II. sorgte für das Fortbestehen des Klosters. Und die Mönche dankten es: Als das Abendland Schreiben lernte,

57

war Tegernsee ein Vorreiter. Das Kloster wurde zu einem Zentrum der Schreib- und Malkunst. Man fertigte Prachthandschriften, Codices und Messbücher für Päpste, Kaiser und Könige an. Und man schrieb Literaturgeschichte: das erste Liebesgedicht in deutscher Sprache, den ersten Abenteuerroman. Als der Buchdruck aufkam, investierte man in eine eigene Druckerei. Die Klosterbibliothek soll zeitweise mehr Bücher enthalten haben als die Bibliothek im Vatikan.

Nach 1000 Jahren endet die erste Erfolgsgeschichte

Das Kloster ist groß und reich, angeblich kann der Abt von Tegernsee bis nach Rom reisen, ohne in Herbergen zu übernachten, die nicht zu seinem Besitz gehören. Das Volk hat Arbeit

Tipp:

Im Museum Tegernseer Tal wird die Klosterzeit buchstäblich greifbar: durch einen Teil des alten Chorgestühls und ein Display, das die Codices zeigt, deren Originale im Archiv der Bayerischen Staatsbibliothek liegen und nicht öffentlich zugänglich sind.

und lebt in Sicherheit. Es gibt eine Volksschule, auch Musik und Mathematik werden gelehrt. Der Vorläufer der Sparkasse wird gegründet. Man investiert. In den 1680er-Jahren wird die Klosterkirche völlig neu gestaltet, Barock ist die Mode der Zeit. So sehen wir die Kirche heute noch ausgestattet. Zum Jubiläum im Jahr 1746 wird mit Glanz und Gloria gefeiert. Mit der Säkularisation 1803 ist Schluss mit dem Klosterleben.

Das königliche Zeitalter beginnt …

1817 kauft König Max I. Joseph aus eigener Tasche, was vom Kloster übrig ist. Die Anlage wird zum Schloss, zur Sommerresidenz der Wittelsbacher. Ein Segen für die Bevölkerung, die mit der Lehensfreiheit in Existenznöte geraten war. Der König startet Wirtschaftsprogramme und sorgt mit seinen Entscheidungen dafür, dass sich Dirndl, Lodenjacken und Lederhosen vom Tegernsee zur heute typisch bayerischen Tracht entwickeln.

Das Paradies liegt im Tegernseer Tal …

… so sieht es König Max I. Joseph. Am Alpbach hinauf, kurz

Lesetipp:

Freude hat der Leser mit dem Buch „Das königliche Tal. Auf den Spuren der Wittelsbacher am Tegernsee" von Roland Götz und Edmund Schimeta.

vorm Gschwandler Eck, benennt er einen kleinen Hügel so. Das wird das Paradies, auf das der Brandner Kaspar von seinem Häusl am Alpbach schaut. Der Brandner Kaspar ist eine literarische Figur, die heute zum bayerischen Kulturgut gehört. Dichter Franz von Kobell, ein lustiger und schlauer Mensch, Professor für Mineralogie und im Gefolge des Königs, hat ihn erfunden. Den Brandner Kaspar gibt es in Film, Theater und Fernsehen und als Tegernseer Heimatführung (s. Tipp rechts).

Tipp:

Führung „Daheim beim Brandner Kaspar"
Er blieb lieber am Tegernsee, als ins himmlische Paradies zu wechseln. Denn hier gibt's Kerschgeist und Kirtanudeln, hier kann man karteln und so selbst den Tod das Leben lieben lehren. Zu buchen unter www.sonja-still.de oder www.tegernseer-heimatführer.de

Mit der Eisenbahn kommen die Touristen …

1883 bekommt Gmund eine Bahnstation. Die Industrialisierung beginnt. Man bohrt nach Erdöl *(Foto rechts unten)*, wird sogar fündig. Eine Pipeline führt über den See nach Gmund. Nach ein paar Jahren enden die Vorkommen, aber dafür findet der Niederländer Adrian Stoop die Jod-Schwefel-Quellen, die stärksten Deutschlands.

Geschichte

… und die VIPs der damaligen Zeit

Um die Jahrhundertwende wird das Tegernseer Tal Ziel von Sommerfrischlern und Prominenten der Zeit. Thomas Mann und Wilhelm Furtwängler, August Macke, Leo Slezak, Ludwig Ganghofer, Ludwig Thoma, Olaf Gulbransson sind nur einige Namen der deutschen Kulturgeschichte, die das Tal zu einer Art Künstlerkolonie machen.

Lesetipp:

Kultur und Geschichte, gehaltvoll und bildreich: „Der Tegernsee", herausgegeben von Annette Lehmeier und Dieter Vogel.

Die Weltkriege

Obwohl die Monarchie abgeschafft ist, bleibt der Tegernsee eine Premiumadresse für die Oberen Zehntausend. Auch Adolf Hitler und Konsorten urlauben gerne hier. So mancher braune Funktionär schafft sich ein Feriendomizil und setzt dafür Zwangsarbeiter und Häft-

linge aus den Konzentrationslagern ein. Zum Ende des Zweiten Weltkriegs wird das Tal als Lazarettstadt deklariert. Die Kämpfe dauern hier offenbar länger als anderswo. Berlin lag schon in Schutt und Asche, Hitler war tot, da kämpfte die SS-Division „Götz von Berlichingen" in den Kreuther Bergen noch für einen Endsieg. In dramatischer Weise wurde verhindert, dass die US-Streitkräfte das Tal – mit seinen Verletzten in den Krankenhäusern, evakuierten Münchnern und Flüchtlingen – bombardierten (s. S. 101). Die Kapitulation im Tal wurde am 6. Mai 1945 unterzeichnet. Zwei Tage später endete der Krieg.

Und wieder hat das Tal Glück …

Mit dem Wirtschaftswunder fluppt es auch im Tegernseer Tal wieder – die Wirtschaftskapitäne machen Urlaub hier, die Gäste kuren im Bad Wiesseer Jod-Schwefelbad. Zum Schutz des Sees wird die erste Ringkanalisation der Welt gebaut. Ende der 1960er-Jahre entdeckt der Jetset das kleine Tal in den Bergen Oberbayerns. Mit Gentleman-Playboy Gunter Sachs kommen die Schönen und Reichen,

die später in den bunten Gazetten stehen. Der FC Bayern richtet sein Trainingslager ein. Im heutigen Hotel Landhaus am Stein in Bad Wiessee ist im Keller noch der Original-Clubraum aus den 1970er-Jahren erhalten. Der Nachtclub im Bachmair am See gibt späteren Showgrößen die Bühne: Josephine Baker, Bill Haley, Tina Turner *(Foto oben)*, Curd Jürgens, Udo Jürgens, Harald Juhnke – auch diese Namen sind inzwischen Geschichte.

Politik

Franz Josef Strauß *(Foto rechts, m.)* poltert von Wildbad Kreuth gen Bonn. Der zweite Kanzler der noch jungen Bundesrepublik, Ludwig Erhard, nimmt hier seinen Wohnsitz. Mit der Wiedervereinigung beziehen Ex-DDR-Funktionäre hier ihr „Exil". Die Gorbatschows finden am Tegernsee einen Ruhepol für die Familie. Zur Milleniumswende wird auch im Tal das Leben anders.
Gesundheitsreform und Investitionshype verändern die wirt-

schaftlichen Strukturen: Neue Formen müssen gefunden werden, die Schönheit des Tals muss energischer verteidigt werden denn je. Es ist ein zähes Ringen, viele geben auf. Die Naturkäserei Tegernseer Land entsteht in Eigenregie der einheimischen Bauern. Die Gemeinde Bad Wiessee kauft das Jod-Schwefelbad zurück und wagt ein neues

Konzept. Der Voitlhof in Rottach-Egern leuchtet als Vorbild künftiger Entwicklung.
Jetzt steht das Tal vor einem neuen Einschnitt. Die junge Generation übernimmt und wird die Geschichte mit Glück weiterschreiben.

Lesetipp:

Die Zeitschrift „Tegernseer Tal" begleitet seit gut sechs Jahrzehnten die Entwicklungen von Kultur und Geschichte.

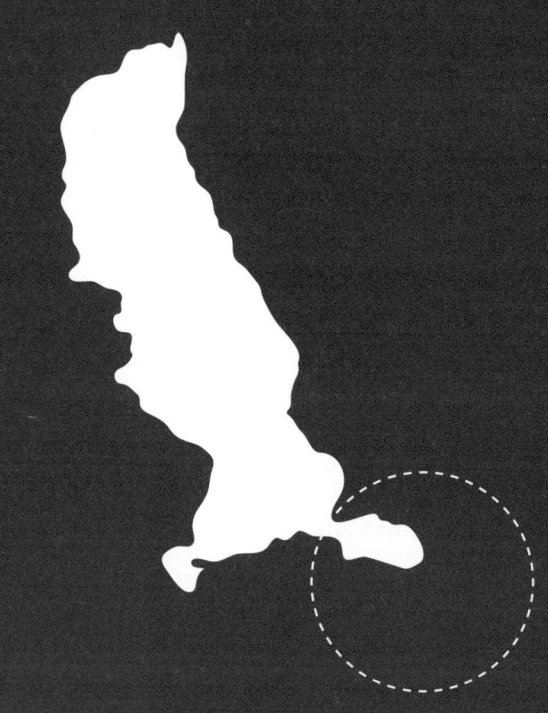

ROTTACH-EGERN

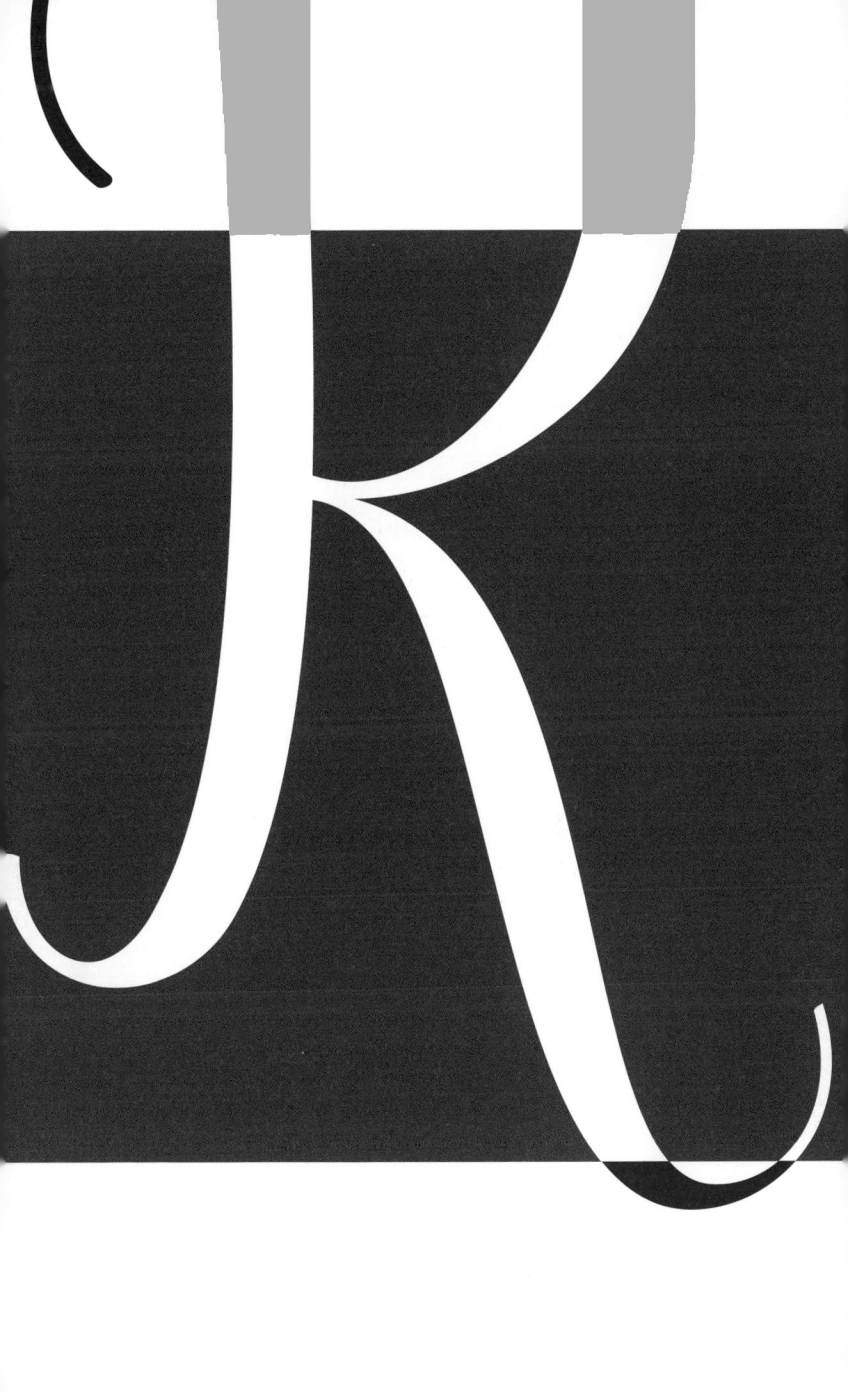

Tom Höss und sein Vater, der Hoißn-Sepp: Freude, Sehnsucht, Heimat

Ja, weil's so schön ist! Das ist die einhellige Antwort von Vater und Sohn auf die seltsame Frage, warum man an den Tegernsee reisen solle. Einen Zauberklang birgt für sie dieses Wort. Es bedeutet Freude, Sehnsucht, Heimat. Sie könnten ja vieles anführen, eine Anekdote aus der langen Geschichte, die sie am Tegernsee verwurzelt sind. Immerhin nennen die Chroniken ihre Familie als Überführer zum Hoißn seit Klosterzeiten. Oder die Vorzüge des Seehotels und Restaurants Malerwinkel, das sie zu einem Juwel der Gastlichkeit gemacht haben. Aber Sepp Höss schwärmt vom Wetter und vom Wasser. Der Winter kommt inzwischen später und bleibt bis Mai, dann wird's sofort Sommer, lacht er. Inzwischen kann man rund ums Jahr im Tegernseer Tal die Zeit gut verbringen. Dabei ist das Wasser immer sein Element. Der Bauernbua hat die Weltmeere durchfahren. Erst als Matrose auf großer Fahrt, später als Segler. Von seiner ersparten Heuer kaufte er ein eigenes Segelboot und trat in den Yachtclub ein. Das war 1948. Und dann gewann er die Regatten. Die Centomiglia am Gardasee, sechs verschiedene Meistertitel, zwei Weltmeisterschaften fuhr er mit, auch beim Admiralscup, beim Sardinia Cup und dem Bermuda Race. 1962 erfand er den Nikolaus-Cup am Tegernsee. Der findet bis heute statt, auch wenn der Hoißn-Sepp schon in seinem 80. Jahr steht. Das Bayerische Fernsehen hat oft darüber berichtet und rückte dabei auch den Wallberg und Rottach-Egern ins rechte Bild. Eben! Weil's hier so schön ist!

Tom und Sepp Höss teilen die Liebe zum Tegernseer Tal. Wenn er nicht unterwegs ist, begrüßt Sepp immer noch persönlich die Gäste. Tom hat für die Liebe zum Segelsport im Alltag weniger Zeit. Er schwingt sich darum öfter auch aufs Mountainbike.

Susanne Wiesner:
„Es macht einfach nur alles a Freud"

So vielversprechend schaut die Zukunft im Tegernseer Tal aus! Echt. Nix Besonderes. Alles ganz normal sei das, was sie machen, sagt Susanne. Gerade haben sie und ihr Mann im Voitlhof ihren neuen Laden mit Werkstatt eingerichtet. Ihr Mann, das ist der Wiesner Martin, der Hutmacher von Kreuth. Sein Spezl aus Kindheitstagen ist der Bogner Seppi. Der hat den 500 Jahre alten Voitlhof, in den sie jetzt eingezogen sind, in Tirol ab- und hier aufgebaut. Man könnte auf Neudeutsch auch von einem immensen Invest mit hohem Risikofaktor und engen Margen sprechen. Aber in solchen Kategorien reden die Jungen vom Tal nicht. Sie machen. Sie packen an. Sind da. Sind fleißig. „Was Du Dir zamspinnst, musst Du auch vertreten", sagt der Martin. „Handgmacht" wird die künftige Linie heißen, unter der Susanne Dirndl, Blusen und Wadelstrümpf' von bayerischen Näherinnen schneidern oder stricken lässt. Die Hüte machen sie in der Werkstatt selbst. Das „Sach" soll da produziert werden, wo es auch getragen wird. Denn das sei die Garantie, dass es echt bleibt. Und außerdem haben die Leute hier Arbeit. Tracht gehört zu ihrem Leben, die ist ganz normal. Sie wissen, was sich beim Tragen der Tracht schickt und was gar nicht geht. Sie mögen ihr Leben, so bayerisch und offen. Musikanten sind sie nebenbei auch noch. Miteinander die Zukunft gestalten, das Leben anpacken, das wollen Susanne, ihr Mann und die, auf die sie zählen. So viel Mut, so viel Verwurzeltheit daheim – dennoch sehen sie sich nicht als Aushängeschild. „Mia san ganz normal", sagt die Susanne. „Es macht einfach nur alles a Freud."

Susanne Wiesner, geborene Brückner, hat von Riedering ins Tal eingeheiratet. Sie ist bekannt als Volksmusikmoderatorin im BR.

Rottach-Egern
Mondän und idyllisch

Im Süden des Sees liegt Rottach-Egern. Dort lässt sich's im Postkartenidyll urlauben. Der Malerwinkel ist eine der bekanntesten Ansichten Bayerns. Die elegante Seestraße lädt zum Bummeln ein, luxuriöse Hotels zum Relaxen, Villen mit und ohne Flair lassen träumen vom feinen Leben. Verwurzelt, bodenständig kann man trotzdem sein. Wer hier daheim ist, hat seinen Gästen etwas zu geben.

◉ Anschauen

Rottach-Egern entstand bereits zur ersten Jahrtausendwende. Es waren einzelne Bauerndörfer, die 1951 diesen Doppelnamen erhielten. Egern, das Bauerndorf mit der Kirche, war wichtig, dazu gab es noch um die zwanzig Ansiedlungen. Die Namen sind bei vielen Einheimischen durchaus noch in Gebrauch. Die Gemeinde erstreckt sich zwischen den

Riva-Feeling mit E-Booten in der Egerner Bucht.

beiden Zuflüssen Weißach und Rottach. Auch das Natur- und Landschaftsschutzgebiet auf der Sutten und die Valepp gehören zu Rottach.

St. Laurentius

Die Kirche im spätgotischen Stil mit spitzem Turm ist Wahrzeichen der Gemeinde. Die Egerner Pfarrkirche St. Laurentius wurde im Jahre 1111 unter Abt Aribo von Kloster Tegernsee erbaut. 1670 wurde sie im barocken Dekor ausgestaltet. Das Laurentius-Gemälde des Hauptaltars stammt von Hans Georg Asam aus dem Jahr 1689. Herrliche Fresken zeigen die dem Himmel zugewandte Sehnsucht des bayerischen Barock. Heute ganz vergessen: Die Kirche war einst Ziel für Wallfahrer. Eine Mondsichelmadonna aus der Spätgotik erinnert an die „Gnadenmutter von Egern".

Der Friedhof, nach altem Brauch rund um die Kirche angelegt, zählt zu den schönsten und bekanntesten Bayerns. Die Grabinschriften erinnern an die Namen deutscher Adeliger, englischer Lords, alter Bauerngeschlechter und großer Künstler und Dichter. So ruhen z. B. die bayerischen Edelfedern Ludwig Thoma und Ludwig Ganghofer hier. Egern war der erste Friedhof, in dem sowohl katholische als auch protestantische Bürger des Tals beigesetzt wurden.

Eine Straße weiter kann man auch auf dem Gemeindefriedhof noch einiger Prominenz gedenken. Dem Karikaturisten Olaf Gulbransson zum Beispiel oder dem Urheber der „Feuerzangenbowle", Heinrich Spoerl.

Tipp: Machen Sie doch eine Führung mit Christl Hagn von der Touristinfo Rottach-Egern. Kaum eine weiß mehr darüber!

Kißlingerstr. 45, Rottach-Egern

Tradition und Brauchtum
Der Heilige Laurentius …

… ist einer der meistverehrten Heiligen der katholischen Kirche. Er war in Rom um 250 n. Chr. so etwas wie ein Schatzmeister für die Christengemeinde. Despektierlich wird er auch der „Grill-Heilige" genannt, da der Märtyrer auf einem Rost gebraten wurde. Er ist der Patron der Köche. Vielleicht gibt es darum so viele gute in Rottach-Egern? Sein Gedenktag ist der 10. August. Laurentiustränen sind übrigens Sternschnuppen in den August-Nächten.

Evangelisch-Lutherische Auferstehungskirche

Die Kirche wurde im Jahr 1955 eingeweiht. Geplant hat sie Olaf Andreas Gulbransson, Sohn des Malers Olaf Gulbransson. Der Grundriss des gesamten Kirchenschiffes ist ein Sechseck, das tief heruntergezogene Dach beschirmt Bau und Gemeinde, der Innenraum steht weitgehend im Licht bunter Glasfenster. Die drei Glocken tragen die Namen Glaube, Liebe, Hoffnung und sind „Zuagroaste" – sie wurden im Jahr 1958 vom Bochumer Verein gegossen.

Kißlingerstr. 25, Rottach-Egern

Der Malerwinkel – ein Postkartenidyll.

Malerwinkel

Der Malerwinkel gehört zur „Very VIP-Zone". Dieser Ortsteil heißt so, weil sich früher Maler hier trafen, um das Postkartenidyll Egerner Kirche überm See, vor Wallberg und Bodenschneid auf Leinwand zu bannen. Begonnen hat das ganze Malertum als 1817 der König ins Tal kam und mit ihm sein Hofstaat, Dichter und Künstler. Da es damals noch kein Handy fürs Selfie gab, trug man seine Staffelei und den Farbkasten mit, ließ sich vom Überführer von der Tegernseer Point übersetzen und malte das Idyll. Das war trendy und zeigte, dass man da war, wo der König urlaubte. Bis heute sitzen am Egerner Schorn immer wieder Menschen und aquarellieren, radieren, malen … Wer um die Ecke geht, trifft auf die Friedensglocke. Sie ist nicht alt sondern neu. Seit 2005 läutet sie an Neujahr oder zu besonderen Events wie Seefest oder Rosstag. Sie soll die Welt im Allgemeinen und die Tegernseer im Besonderen an ein friedliches Zusammenleben erinnern.

Seestraße

Sie ist eigentlich die Shoppingmeile. Aber auch ein Blick auf das Hotel Bachmair am See lohnt sich. Der Vorbau im schönsten 1960er-Jahre-Stil beherbergte im Untergeschoss den legendären Nachtclub. Damals, als die 68er-Generation noch wild war, entdeckte die Münchner Bussigesellschaft hier Showgrößen wie Tina Turner, Josephine Baker, Bill Haley, Harald Juhnke oder Udo Jürgens. Heute geht's gediegen im Club zu.

Seestr. 47, Rottach-Egern

Kurgarten

Hier stehen drei Tegernseer Freunde in Bronze gegossen. Schon mal den Film „Münchhausen" gesehen? Da spielt neben Hans Albers der Große von diesen drei Figuren mit. Leo Slezak war Schauspieler, als die Bilder laufen lernten, und ein gefeierter Opernsänger seiner Zeit, mit Engagements in Wien, Berlin und New York an der Met oder im Salonwagen im Wilden Westen. Ludwig Ganghofer war Bestsellerautor. Er hat u. a. den „Jäger von Fall" und „Schloss Hubertus" geschrieben. Die Bücher wurden in Filmschnulzen verewigt. Ludwig Thoma schrieb die „Heilige Nacht", die „Filser Briefe" und die „Lausbubengeschichten" und wurde so etwas wie der bayerische Nationaldichter.

Rathaus Rottach-Egern

Wilde Zeiten hat dies brave Gemeinde-Haus in seinen jungen Jahren erlebt. Ein Krimi um Schuld, Sex und Hochverrat machte Geschichte. Zu Zeiten, als das Dorf noch keine verkehrsumtoste Hauptstraße hatte, sondern nur Kuhweiden und Wiesen, die warteten, bebaut zu werden, errichtete Gräfin Marie-Louise Larisch sich diese Villa. Sie war eine Nichte von „Sisi", also Kaiserin Elisabeths von Österreich. Eine Gedenktafel erinnert noch an den Besuch im letzten glücklichen Jahr 1888 vor der Katastrophe. Dann nahm sich Sisis Sohn, Kronprinz Rudolf, mit einem Baronesserl in Mayerling das Leben, und die Larisch wurde als Drahtzieherin beschuldigt. Die Gräfin wurde verstoßen, feierte aus Trotz wilde Feste, versoff und verspielte alles, heiratete in die USA, um sich zu retten; der Mann war gewalttätig, sie kam zurück und starb 1940 letztlich verarmt in Augsburg. Seit 1927 gehört das Haus der Gemeinde Rottach-Egern.

Nördliche Hauptstr. 9, Rottach-Egern

Zotzn im Voitlhof

Der jüngste Hotspot von Rottach-Egern ist 500 Jahre alt. Der Voitlhof mit der Gastwirtschaft „Zum Zotzn" und der Hutmacherei Martin Wiesner wurde 2016 eröffnet. Da kann man den Handwerkern bei der Arbeit zuschauen, beispielsweise den Näherinnen, die Dirndl, Blusen und Wadlstrümpf' für Susanne Wiesners Geschäft herstellen (s. S. 67). Der Hof ist ein Schmuckstück geworden. Familie Bogner ist nicht nur für gute Küche bekannt, sondern auch für gute Ideen, die sie mit Tatkraft und Fleiß ins Leben bringen. „Hispinna, onispinna, durchspinna, aber dann darfst net z'weit spinna", sagt Seppi Bogner, „sonst machst'as net, was du dir da ausgspunna hast." Auf Hochdeutsch: Verrückt muss man sein! Die Bogners haben den 500 Jahre alten Bauernhof Balken für Balken in Brixlegg in Tirol abgetragen und in Rottach eigenhändig wieder aufgebaut.
Feldstr. 9, Rottach-Egern
Tel. 08022 2999, www.zotzn.de

Kutschenmuseum im Gsotthaberhof

Gleich im Hof gegenüber warten im Kutschenmuseum viele hübsche Gefährte, einspännig, zwei- oder mehrspännig. Die Postkutsche für zehn Personen ist kein Raumwunder, den Betrachter von heute wundert eher, wieso die Menschen damals überhaupt verreisen wollten, so eng ist es darin. 15 Stunden dauerte die Fahrt von München an den Tegernsee, heute braucht man selbst bei Stau nicht so lange. Ein edles Pferdegeschirr für den Schah von Persien landete im Museum, weil diesem die iranische Revolution dazwischenkam und er es nie beim bayerischen Marstaller abholen konnte. Das Cafe Gäuwagerl im Hof lädt zur kleinen Mahlzeit mit Rahmbroten aus dem Steinbackofen ein.
Tgl. 11–18 Uhr, Eintritt: 3 €,
Feldstr. 16, Rottach-Egern
Tel. 08022 704438,
www.gäuwagerl.de

Wallberg und Wallbergkircherl

1722 Meter hoch ist der Wallberg, diese platte Pyramide, die das Tal so markant prägt. Wer sportlich ist, joggt rauf. Das machen manchmal die Fußballer des FC Bayern oder auch mal von Borussia Dortmund zum Training. Man kann auch mit dem Mountainbike hochfahren.

Am nettesten ist es eigentlich mit der Seilbahn. Oben gibt es ein Panoramarestaurant. Auf dieser Höhe steht das Wallberg-kircherl, das weithin bekannt ist und zum Bild des Tegernseer Tals gehört. Das kleine Gottes-haus wurde im Jahr 1910 erbaut und am 4. September geweiht. Im Sommer gibt es hier regel-mäßig Berggottesdienste. Zum Gipfel gehen lohnt sich, Flach-land-Gämsen brauchen bitte fes-te Schuhe, der Weg ist durchaus felsig. Wer nicht hinabgondeln will, geht in etwa zwei Stunden zurück ins Tal. Im Winter kann man runterrodeln, im Sommer mit dem Paraglider im Tandem runterschweben. Wer überhaupt nicht runter will, kann noch den Steinadlern folgen. Es gibt einen Erlebniswanderweg vom Wall-berg zum Setzberg, die Steinad-ler sind hier zu Hause.

Bergfahrt für Erwachsene 11 €,
Wallbergstr. 26,
Rottach-Egern
Tel. 08022 705370,
www.wallbergbahn.de

Wallbergkircherl am Wallberg.

✗ Schlemmen und Schlafen

ALTHOFF SEEHOTEL ÜBERFAHRT *****S

Direkt am Seeufer gelegen, bietet die Überfahrt Sterne und Stil. In dieser Herberge ist ziemlich vollendet das Beste an Luxus und Komfort zu bekommen, was die deutsche Hotellerie zu bieten hat. Der SPA-Bereich verführt dazu, fast nur im Haus zu bleiben. Was eigentlich auch wieder schade ist. Aber der 4 Elements Spa zählt zu den herausragenden Spa-Destinationen im Alpenraum. Zutritt gibt es übrigens auch für Gäste, die nicht im Haus übernachten.

Die Überfahrt steht auf geschichtsträchtigem Boden. Ursprünglich einfacher Gasthof, wurde die Überfahrt um 1900 zum Mittelpunkt der Dichter und Denker. Auf der Bauernbühne probten diese mit den Trachtenvereinen im Sommer ihre Stücke, die sie dann im Winter in München oder Berlin inszenierten. Nach dem Zweiten Weltkrieg war die Überfahrt Officers Club der US Army. Ende des 20. Jahrhunderts wurde der alte Bau abgerissen und dieser Hotelkomplex errichtet. Der Bau

Das Althoff Seehotel Überfahrt.

war nicht ganz unumstritten, inzwischen haben sich die Talbürger daran gewöhnt.

Vielleicht, weil Liebe durch den Magen geht. Es lässt sich grandios speisen in der Überfahrt. Drei Themenrestaurants gibt es: die Bayernstube mit herzhaften Schmankerln, das mit 15 Gault&Millau-Punkten ausgezeichnete italienische Restaurant Il Barcaiolo oder das Restaurant Egerner Bucht mit der kulinarischen Vielfalt der Alpenregionen. Außerdem gehört die Fährhütte14 zur Überfahrt dazu. Das ist ein Beachclub, ein Restaurant, eine Eventlocation – ein Ort, um dem Alltag zu entfliehen. Bodenständig und doch ganz besonders. Extravagant vielleicht und dennoch gemütlich – kurzum, einfach unique! Er liegt nur wenige Gehminuten vom Hotel entfernt.

Christian Jürgens, Sternekoch im Restaurant Überfahrt.

Restaurant Überfahrt

Christian Jürgens, Bayerns einziger 3-Sternekoch, sorgt immer wieder für überraschende Sinneseindrücke. Der Zauberer der Kulinarik begeistert seit Jahren die Gourmets der Welt. Er lasse sich von der Natur am Tegernsee inspirieren, sagt er. Selbstverständlich, dass da vor allem Zutaten aus der Region auf den Tisch kommen, aber auch ausgewählte Delikatessen aus der ganzen Welt. Alles zusammen wird dann neu und aufregend arrangiert.

Das Ambiente im Restaurant ist schlicht und edel. Die Wände sind mit Hirschleder bespannt, Schwarz-Weiß-Bilder mit Motiven aus dem Tal setzen Akzente. EZ ab 210 €, Hotel und Restaurant: Überfahrtstr. 10, Rottach-Egern, Tel. 08022 6690, www.seehotel-ueberfahrt.com

75

Seehotel Malerwinkel

Zwar keine Sterne in einem Gourmetführer, aber im Herzen aller Genussmenschen. Im Malerwinkel gibt es eine Küche, bei der auch anspruchsvolle Esser frohlocken. Der Küchenchef kocht mit Leidenschaft und Kreativität, z. B. Tafelspitz mit Meerrettich-Soße, Saibling in Salzkruste, Salat mit Reherl. Am Nachmittag locken Kuchen und Strudel und … schlichtweg schön ist's hier. Man kann hier auch in komfortablen Zimmern und Suiten übernachten. Außerdem gibt es ein Bootshaus, in dem es sich perfekt feiern lässt, selbst an kälteren Tagen. Es ist gut beheizt und durch eine zuschiebbare Glasfront bleibt der Blick auf den Tegernsee offen.

Ab 99 €, Überfahrtstr. 3, Rottach-Egern, Tel. 08022 673570, www.seehotel-malerwinkel.de

Haltmair am See

Traditionsreich ist das Haus, behaglich das Ambiente. Zimmer, Appartements und Suiten sind geschmackvoll und heimelig eingerichtet. Der See ist gleich vor

Seehotel Malerwinkel – vor 100 Jahren war hier der Wohnsitz von Operntenor Leo Slezak.

der Tür und ein herrlicher Garten rund ums Haus. Der Wellnessbereich wurde vor Kurzem neu gestaltet mit großem Schwimmbecken, finnischer Sauna und Dampfpad. Besonderes Highlight ist die Almkräutersauna mit heimischen Bergkräutern.

EZ ab 80 €, DZ ab 130 €, Apartment ab 140 €, Seestr. 33–37 a, Rottach-Egern, Tel. 08022 2750, www.hotel-haltmair.de

Reiffenstuel

Total nett und direkt am See – das Gästehaus versprüht den Charme der Sommerfrische. Die Zimmer sind schlicht, mit viel Holz im bayerisch-rustikalen Stil. Rund um das Haus gibt es einen herrlich großen Garten – da lässt's sich gut im Liegestuhl aushalten oder entspannt „hausbankerln". Wer es aktiver mag, geht schwimmen am hauseigenen Badestrand oder leiht sich am dazugehörigen Bootsverleih ein Schifferl.

EZ ab 73 €, DZ ab 94 €, Seestr. 67, Rottach-Egern Tel. 08022 927350, www.reiffenstuel.de

Webermohof

Mehr als nur ein Hof, gleich drei Häuser gehören dazu. Im stattlichen Bauernhaus mit Landwirtschaft gibt es moderne und gemütliche Gästezimmer. Frische Milch von den eigenen Kühen, Wasser aus der hofeigenen Quelle, Marmelade selbst gemacht … Das Frühstück ist toll. Im Neubau befördert ein gläserner Lift die Gäste zu hellen und geräumigen Ferienwohnungen oder zum neuen Wellnessbereich. Da ersetzt die würzige Luft im Alm-Traum-Raum eine schweißtreibende Bergtour. Wer dennoch hinauf will: Auf 1000 Metern Höhe im Suttengebiet liegt das komfortable Almhaus. Im Garten gibt es sogar einen Jacuzzi zum Selberbeheizen.

Zimmer ab 48 €, FeWo ab 65 €, Ludwig-Thoma-Str. 38, Rottach-Egern, Tel. 08022 6485, www.webermohof.de

AquaMarie

Das komplett neu gebaute Haus liegt direkt neben dem Wanderweg, der entlang der Rottach hinauf ins Suttengebiet führt. Drei verschieden große Appartements gibt es, ein kleines Schwimmbad und Sauna.

Ab 53 €, Ellmösl 29, Rottach-Egern, Tel. 08022 7066871, www.aquamarie.com

Noch ein paar Schlemmer-Adressen:

Dichterstub'n

Das Gourmetrestaurant im Park-Hotel Egerner Höfe ist eine Institution. Und: eine Hommage an die literarischen Wurzeln von Rottach-Egern. Denn Dichter waren schon immer angetan von der inspirierenden Schönheit des Tegernseer Tals. Vier der wohl wichtigsten Protagonisten dieser Epoche zieren daher das Restaurant mit ihren Gemälden: Ludwig Thoma, Ludwig Ganghofer, Karl Stieler und Franz von Kobell. Küchendirektor ist seit Sommer 2018 Thomas Kellermann, der sich bereits in anderen Häusern seine Michelin-Sterne verdiente. In Rottach-Egern will er nun erneut kulinarische Akzente setzen. Eine Idee gefällig? Bouillabaisse mit Artischocke, Makrele und Zitrus-Aroma oder Hirschkalb vom Tegernsee, Kirsche, Schoko-Minze und Rote Beete zu kosten, war ein Genuss!
Aribostraße 19–26,
Rottach-Egern
Tel. 08022 666-502
www.egerner-hoefe.de.de

Restaurant Webers

Kulinarische Freude und liebenswertes Ambiente. Pasta und Fisch schmecken immer, auf der hübschen Terrasse lässt sich gucken und beguckt werden.
Seestr. 4 a, Rottach-Egern
Tel. 08022 2719216,
www.restaurant-webers.com

Angermaier

Man braucht nur immer an der Rottach entlangspazieren, kann nebenbei am Baumlehrpfad lernen, was eine Erle, Esche oder Buche ist, und dann in Berg beim Café Angermaier einkehren. Das Haus liegt unterhalb der Baumgartenschneid, man blickt auf den Wallberg gegenüber. Drachenflieger oder Paraglider landen auf den nahen Wiesen. Auch wenn sich dieses behagliche Restaurant ganz bescheiden „Café" nennt: Es gibt nicht nur nachmittags Kuchen, es gibt sehr gute bayerische Küche. Seit „die Jungen" der Familie Zacherl am Ruder sind, bietet die Speisekarte auch freche und anregende Schmankerl. Alpenländisches Gerstenrisotto mit Brennnesseln und Schüttelbrot verfeinert, gebackene Weißwurstradl auf Kartoffel-Breznsalat zum Beispiel. Freilich ist auch Altbewährtes auf dem Menü. Bereits mehrere Gastgenerationen lieben das Kalbsschnitzel „Indisches Märchen", das ananaswürzig mit Cornflakes paniert ist.

Berg 1, Rottach-Egern
Tel. 08022 92860,
www.cafe-angermaier.de

Hafneralm

Es ist eine Institution auf der Sutten. Auf 1100 Metern Meereshöhe schaut die Welt gleich ganz anders aus. Der Risserkogel und Blankenstein zacken sich recht schroff in den Himmel. Stefan Hafner war mal Rallyefahrer, davon erzählen die Bilder an der Wand und er selbst auch, wenn man ihn fragt. Zusammen mit Gassner Motorsport bietet er Rallye-Events für Gruppen von 10 bis 30 Personen. Einen Tag lang dreht sich alles ums Auto – Reifenwechsel, Zirkeltraining, Rallyequiz, Service und natürlich mitfahren. Im original Rallye-auto geht es mit bis zu 160 km/h die schmale Forststraße 400 Höhenmeter hinauf bis zur Alm. Zur Erholung dann was zu essen in der Gaststube – von Almschmarrn bis Hüttenpfandl.

www.hafner-alm.de

Übrigens: Sohn Beni Hafner ist der Musiker „Oimara". Sein Song „Bierle in da Sun" ist ein regionaler Hit, auf YouTube anschauen!

Angermaier – seit 130 Jahren in Familienbesitz.

♥ Genuss und Shoppen

Confiserie Hagn

In dem nostalgischen Hüttchen schmachten Naschkatzen vor der Theke und können sich nicht entscheiden: Nehm ich Pralinee oder Kuchen? Maximilian und Sabine Hagn verstehen es wahrhaftig zu verführen – unwiderstehlich.
Seestr. 80, Rottach-Egern
Tel. 08022 673173,
www.confiserie-hagn.de

Café Ringler

Charmantes Garten-Café mit fantastischem Angebot. Es ist im Tal normal, dass die Konditoren sehr gut backen, aber so gut ist normalerweise selten einer. Den Kuchen gibt's nicht nur zum Kaffee, sondern auch zum Mitnehmen.
Ringbergstr. 12, Rottach-Egern
Tel. 08022 26581

Café Franzl

Direkt am See liegt diese junge Coffee-Lounge. Der Raum ein kleiner langer Schlauch, davor gibt es eine smarte See-Terrasse. Im Angebot sind Muffins und Florentiner zum Soja-Milch-Kaffee oder zur Chai-Latte.
Seestr. 24, Rottach-Egern
Tel. 08022 9152263,
www.cafe-franzl.de

Trachten Greif – das Gwand so jung und lässig wie das Lebensgefühl.

Schönheitsfarm Gertraud Gruber

Genießen und verwöhnen an bester Adresse – die Schönheitsfarm war die erste ihrer Art in Europa. „Runzelranch" wird sie liebevoll spöttisch genannt. Gründerin Gertraud Gruber hat ganzheitlich gedacht, da wusste noch keiner, dass es mal ein Trend wird. Übrigens ist sie auch im hohen Alter von 95 Jahren jeden Tag im Haus – ein Vorbild an Disziplin und gutem Aussehen!
Berta-Morena-Weg 1, Rottach-Egern, Tel. 08022 2740, www.schoenheitsfarm-gruber.de

Parfümerie Hildegard Bayerschmidt

Keine Parfümerie wie jede andere, hier finden sich auch wenig bekannte, seltene und sehr exklusive Marken. Die Damen im Laden kennen sich hervorragend aus und legen großen Wert auf persönliche Beratung.
Seestr. 12, Rottach-Egern
Tel. 08022 6120,
www.parfumerie-tegernsee.de

Die Graf – Mode und mehr

… gibt es hier. Und vor allem die Erkenntnis, dass Schönes für Anspruchsvolle auch in Rottach-Egern nicht teuer sein muss. Die Graf hat Marken wie Olsen, LauRie oder Backstage im Sortiment und bietet beste Beratung. Hier wird Ihr Selbstbewusstsein aufpoliert, nett und unterhaltsam mit Espresso oder Prosecco garniert. Marion Graf bietet auch ausgefallene Wohntextilien und Deko.
Nördliche Hauptstr. 30, Innenhof, Rottach-Egern, Tel. 08022 9267722, www.die-graf.de

Bogner Rottach-Egern

Bogner hat hier ein Daheim, nicht nur das Label, auch die Familie. Willy Bogner lernte hier das Skifahren, bis heute verbringen er und seine Frau Sonia immer wieder Zeit am Tegernsee. In Rottach hatte die Tante von Willy Bogner 1955 ihren ersten Laden eröffnet, inzwischen gehört er Hannelore Santen. Das Ambiente des Geschäfts ist so wie die Marke: sportlich und stilvoll. Herzlich und charmant das Team, vollkommen der Service.
Nördliche Hauptstr. 2, Rottach-Egern, Tel. 08022 6357, www.bogner-rottach-egern.de

Trachten Greif

Wenn Tracht Passion ist, wenn Tracht jung und selbstverständlich ist, wenn Tracht Niveau hat … dann kommt sie sicherlich von Trachten Greif. Xandy und Alexandra Keil, Mutter und Tochter, führen das Geschäft gemeinsam. Neben den eigenen Kreationen gibt es auch Ware von ausgewählten Herstellern.

Nördliche Hauptstr. 24, Rottach-Egern, Tel. 08022 5540, www.trachten-greif.de

Trachten Alm

Echt und frech nennt Jutta von Paumgartten das Sortiment ihres Hauses. Sie hat das Geschäft vom Vater übernommen, der es vor über 50 Jahren gründete. Damals kamen die Leute extra von München raus, um hier Tegernseer Tracht zu kaufen. Nettes Personal, gute Beratung und Einzelstücke, die vom Hersteller exklusiv für die Trachten-Alm kreiert werden.

Nördliche Hauptstr. 13, Rottach-Egern, Tel. 08022 67253, www.trachten-alm.com

Mein Affineur gehört zum traditionsreichen Tölzer Kasladen.

Mein Affineur – Tölzer Kasladen

Crottin, Chabichou, Vacherin, Camembert – hier gibt es nicht einfach Käse. Im Reich von Eugène Tuninga gibt es das ganze Wissen zum Geschmack, Verkostung und Genuss pur. Und dazu ausgewählte Weine wie Cidre oder Poiré oder einen feinen Sancerre dazu.

Nördliche Hauptstr. 32, Rottach-Egern, Tel. 08022 6627220, www.toelzer-kasladen.de

Wein und Blüte

Fühlen, schmecken, riechen – Tee, frische Blumen, Raumdüfte von Lampe Berger, eben ein Hauch von dem gewissen Etwas schwebt über Wein-Blüte.

Seestr. 3, Rottach-Egern Tel. 08022 26135, www.wein-bluete.de

Die Leichtigkeit des Seins lässt sich bei Tamara Comolli fühlen.

Tamara Comolli

Lässig und edel – Schmuck von Tamara Comolli ist echt, lebendig und tragbar. Klar ist er auch teuer, aber was will Mann machen, wenn die Augen der Liebsten mit den Glitzersteinen um die Wette funkeln? Die Tegernseerin arbeitet am liebsten mit farbigen Edelsteinen. Ihren ersten Laden eröffnete sie in den USA, dann kam die Boutique in ihrer Heimat. Die Einrichtung ist im schlichten Kolonialstil, mit viel Farbe anstatt überzogenem Juweliergehabe – sogar eine Kinderecke gibt es.

Seestr. 59, Rottach-Egern
Tel.08022 8597780,
www.tamaracomolli.com

Kramer Lad'l

Ein Tante-Emma-Laden aus der guten alten Zeit. Seit dem Jahr 1896 versorgt das kleine Geschäft die Einheimischen ebenso wie die Touristen mit allen Dingen des täglichen Bedarfs und mit noch etwas Luxus dazu. Vom Kaviar bis zum Schuahbandl (= Schnürsenkel) gibt es hier alles, sagt Margret Mannhardt. Sie führt den kleinen Laden in dritter Generation und weiß genau Bescheid über ihre Produkte. Lebensmittel aus der Region, Postkarten und kleine Souvenirs und sogar Drogeriewaren findet man hier.

Seestr. 71, Rottach-Egern
Tel. 08022 6101

 **Riederecksee**

*Schwierigkeit: mittel – Länge: 12 km – ca. 580 Höhenmeter –
Gehzeit: 4 Stunden – Einkehr: Berggasthof Wildbachhütte*

Highlights:
Siebliwasserfall – Bergahornwald
– Steilwände des Blankensteins
– Riedereckee – Riedereckalm –
Suttensee – Hochmoor

Der Start ist an der sogenannten „Kiste", dem Wanderparkplatz in der Nähe der Monialm im Suttengebiet. Auf einem Forstweg steigen wir bis zu einer ersten Hütte auf und machen einen Abstecher, der sich lohnt. Mit mächtigem Getöse rauscht der 15 m hohe Siebliwasserfall über die senkrechte Wand nach unten und beeindruckt jeden Wanderer. Es geht weiter auf dem Forstweg, dann zweigt man ab zur Blankensteinalm.
Nun beginnt ein märchenhafter Aufstieg. Die Wanderung führt unter der gewaltigen Nordwand des Blankensteins vorbei, durch einen zauberhaften Ahornwald. Kurz vor dem Joch lohnt sich ein Abstecher zum Riederecksee. Dieser tiefgrüne Bergsee führt eiskaltes Wasser – das beste Mittel, um müde Beine zu

erfrischen. Aber Achtung: Der See ist wirklich saukalt. Oben am Joch erinnert ein Denkmal an das tragische Lawinenunglück der Hettlage-Kinder und mahnt, den Weg im Winter eher zu meiden. Die Kinder des Münchner Textilunternehmens Hettlage verloren bei der Querung dieses höchst lawinösen Hangs ihr Leben.
Der Anblick der Sommerwiese voller bunter Blumen und vieler lustiger Schmetterlinge verscheucht die trüben Gedanken gleich wieder. Der Abstieg über den Suttensee lässt eintauchen in die einzigartige Welt der Hochmoore. Der Weg führt an der jungen Rottach entlang zurück zum Ausgangspunkt der Tour. Zum Abschluss lädt die Einkehr in der Wildbachhütte (ganzjährig geöffnet, Donnerstag Ruhetag).

Der Alpenrudi

Den Tipp zu dieser Tour gab der „Alpenrudi": Rudi Hauptvogel ist Tegernseer Heimatführer, Wanderleiter DAV und Schneeschuhguide des DSV. Mehr Informationen unter: www.alpenrudi.de

Das Genießerland mit Sternen

Über traditionelle Wirtshauskultur und erlesene Spitzengastronomie

Gourmet-Sterne leuchten immer überm Tegernseer Tal, manche beständig, wie die drei Michelin-Sterne von Christian Jürgens in der Überfahrt (s. S. 74), manche gehen auf, andere unter. Manch einem reichte der ganze Sternestress: Lois Neuschmid eröffnete statt seines Sterne-„Lois" das Bistro „Haubentaucher" mit Seelage und Gourmetküche (www.haubentaucher-tegernsee.de) Michael Fell, vormals Egerner Höfe, wechselte zur Gruber-Schönheitsfarm. Und Thomas Kellermann von den Dichterstub'n (s. S. 78) gilt als „the rising star".

Genießerland

Das Tegernseer Tal ist die einzige Gegend in Bayern, die offiziell den Titel „Genießerland" führen darf. 2018 wurde das Tegernseer Tal auch zum „Genußort" gekürt. Genießerland-Gastgeber sind: Almgasthof Aibl (s. S. 147), Freihaus Brenner (s. S. 102), das Herzogliche Bräustüberl (s. S. 44), die Kirschner-Stuben (s. S. 147), das Gasthaus Jennerwein in Dürnbach (s. S. 20), Gut Kaltenbrunn (s. S. 21), der Leeberghof (s. S. 49), das Seehotel Luitpold (s. S. 49), das Westerhof-Café im Stieler-Haus (s. S. 46), das Gasthaus zum Hirschberg und die Naturkäserei Tegernseer Land (s. S. 130). Das Credo: Auf den Teller kommt nur beste Qualität, bevorzugt werden Produkte aus der Region.

www.geniesserland-tegernsee.de

Hier finden Sie Rezepte der Genießerland-Vertreter:

www.geniesserland-tegernsee.de/rezepte-neues

Tegernseer Kaffeerösterei
(o. l.), Fischzucht Kreuth
(o. r.), Liedschreibers.

Wirtshauskultur

Auch ohne Etiketten aller Couleur kann man hier in kulinarischen Sphären schweben, wie im Gasthaus Schießstätte in Tegernsee (s. S. 46) oder beim Angermaier in Rottach-Berg (s. S. 78). Es schmeckt auch gut in der Hafneralm auf der Sutten (s. S. 79).

Fisch

In der Herzoglichen Fischerei am Tegernseer Schloss wird fangfrischer Fisch verkauft – frisch von den Burschen um Fischer Christoph von Preysing. Bei der Fischzucht in Wildbad Kreuth kann man zwischen Teichen sitzen und geräucherte Renke oder Saibling bei einem Glaserl Wein genießen. Freilich kann man auch Fisch kaufen und mitnehmen. Auch im Aquadome in Bad Wiessee gibt es ein Bistro mit Fischspezialitäten.
www.fischerei-tegernsee.com
www.fischerei-kreuth.de

Nicht nur Bier

Auch fürs Trinken wird im Tegernseer Tal gesorgt. Neben dem berühmten Bier (s. S. 54) gibt es die Destillerien Liedschreiber und Fischerweber – kleine Familienbetriebe, die köstliche Edelbrände und Liköre herstellen.
www.liedschreiber.com,
www.fischerweber.de
In der ersten Tegernseer Kaffeerösterei kann man aus etwa 40 Kaffees und neun Espressi auswählen. Inhaber Mario Felix Liebold ist ein hellwacher Typ und Kaffee ist seine Passion. Er wurde mit dem Titel „Röster des Jahres 2012" ausgezeichnet.
www.tegernseer-kaffeeroesterei.de

AM TEGERNSEE ...

mitmachen

Schon mal selbst die Wiese gemäht? Mit der Sense meinen wir natürlich! In Zeiten von Rasenrobotern wird bäuerliches Können zur Attraktion. Oder auch die schönen Hochsteckfrisuren zur Tracht: Sie schmeicheln jeder Frau. Stylische Prinzessinnen-Frida Kahlo-Oktoberfestfrisuren passen in die Stadt. Hier gehören die Blüten zum Zopf und die Feder an den Hut. Einfach mal ausprobieren.

Bayerische Hochsteckfrisur
Fesches Dirndl mit schönen Haaren, so echt, wie es sich gehört!
Haarstudio Elisabeth,
Tegernseer Str. 30, Waakirchen
Tel. 08021 7669,
www.haarstudioelisabeth.de

Schafkopfen
Raus mit der Sau! Gstocha! Schneider und nicht gwonnen! Das sind Ausdrücke aus dem Kartenspiel Schafkopfen. Wer mal mehr dazu erfahren möchte, kann an der Volkshochschule Tegernsee Unterricht nehmen.

Oder direkt bei Wolfgang Anderl nachfragen.
VHS Tegernsee,
Max-Josef-Str. 13, Tegernsee
Tel. 08022 1313,
www.vhs-imtal.de oder privat:
Wolfgang.Anderl@gmx.de,
Tel. 0172 6298796

Weißwurstseminar
Was macht die bayerische Weißwurst so besonders gut? Warum muss sie bis zum Mittagsläuten gegessen sein? Und wie funktioniert das typische Zutzln? Das alles erfährt man im Weißwurstseminar von Klaus Niedermeier. Inklusive selbst wursten und anschließendem stilechtem Weißwurstessen. Örtlich flexibel oder in einem Bauernhaus am Tegernsee.
Tel. 08026 9246999,
www.wuidara-event.de

Luftgewehr schießen
Genau ins Schwarze treffen auf einer Schützenscheibe – das kann man bei der Schützengesellschaft Bad Wiessee 1879 erproben. Kostet 1 Euro Versiche-

So sieht sie aus, die echte Dirndlfrisur (l.). Feines Vergnügen: per Heißluftballon übers Tegernseer Tal schweben.

rungsgebühr, wenn man nicht selbst in einem Schützenverein Mitglied ist, und 5 Euro Teilnahmegebühr.
Gästeschießen Luftgewehr: jeden Mo 19–21 Uhr, Hagngasse 49 a, Bad Wiessee
www.sg-bad-wiessee.de

Mähen mit der Sense
Mähen wie in der Zeit vor den Traktoren. Den Duft von frischem Gras, weite Felder und altes Wissen vom Profi gibt es bei Georg Hahn. Er zeigt in seinem Kurs die traditionelle, uralte bäuerliche Kunst des Sensenmähens.

Hahnhof, Warngauer Str. 7, Holzkirchen-Großhartpenning
Tel. 08024 6469377

Ballooning
Ballonfahren übertrifft sogar die Aussicht vom Wallberg. Ganz leise und entspannt schwebt man über den Tegernsee ins Alpenpanorama. Hier oben gibt es keinen Lärm und keine Hektik, nur Schauen und Staunen. Wer mag, kann sich sogar bis Venedig treiben lassen – Transalp in den Lüften. Gigantisch!
Ab 215 €, Nördliche Hauptstr. 79, Kreuth, Tel.08029 1221, www.ballooning-tegernsee.de

DER TEGERNSEE UND ...

sein Nachtleben

Von einer großen Nightlife-Szene des Tegernseer Tals zu sprechen, wäre vielleicht ein wenig vollmundig. Freilich bieten die großen Hotels interessante Bars. Ein Drink bei Bartender Walter Diedrich im Parkhotel Egerner-Höfe hilft auch mal durch die Nacht, wenn man keine Lust auf Halligalli hat. Denn bei ihm bekommt der Gast auch mal philosophische Perlen präsentiert. Es gibt aber auch durchaus Lokalitäten, in denen man die Nacht zum Tage werden lassen kann.

Bar Tranquilo

Zum Vorglühen: andalusisches Ambiente, spanische Tapas. El Jefe Christian Wörner ist in Madrid geboren und hat die Leidenschaft fürs Kochen von seiner andalusischen Mama. Große Auswahl spanischer Weine.
Südliche Hauptstr. 12, Rottach-Egern, Tel. 08022 7055929, www.bar-tranquilo.de

Weinstube

Die Weinstube hat eine umfangreiche Weinkarte, genau richtig, dem Leben die lustige Seite zu zeigen. Im Winter urgemütlich, im Sommer sitzt man auf der überdachten Loggia mit Blick auf den Wallberg.
Nördliche Hauptstr. 6, Rottach-Egern, Tel. 08022 26668, www.dieweinstubegreger.de

Chalet Club Rottach

Tanzclub mit gehobener Schweizer Chalet-Atmosphäre gepaart mit modernem Lounge-Style. Jeden Freitag und Samstag wechselnde DJs, besonders beliebt die 90er Party. Preise relativ normal, gemischtes Alter.
Nördliche Hauptstr. 30, Rottach-Egern, Tel. 08022 9151432, www.chalet-rottach.de

Riva Club

Liveacts und DJs bringen hier die Feierlustigen mit gut gemischter Musik unterschiedlicher Genres in Schwung, oft sind namhafte DJs der Elektroszene da. VIP-Lounge zu mieten.
Südliche Hauptstr. 2, Rottach-Egern, Tel. 0172 3467891, www.riva-rottach.de

Club Quantum

Altgediente, allseits geschätzte Adresse im Tal. Da der Club fast täglich bis in die frühen Morgenstunden auf hat, ist er meist die letzte Anlaufstelle für Feierwütige, die noch einen Platz zum Tanzen suchen. Gemischtes Publikum, moderate Preise.
Nördliche Hauptstr. 3, Rottach-Egern, Tel. 08022 662668

Moschner Bar

Unten ein elegantes Weinlokal mit gehobener Küche, im ersten Stock eine der beliebtesten Feieradressen des Tegernseer Tals. Reiche Auswahl an teilweise seltenen Spirituosen. Nicht selten wird zu späterer Stunde aus der guten Stimmung eine ausgelassene Party.
Ab 22 Uhr geöffnet. Kißlinger Str. 2, Rottach-Egern, Tel. 08022 55 22, www.moschner.de

El Shisha

Lounge und Bar, in der man auch Wasserpfeife rauchen kann. Eine große Auswahl an Shishatabak von Kirsche bis Vanille und unterschiedlichsten Geschmackrichtungen. Ambiente – gemütlicher Orientstyle, teilweise auch mit DJ und Tanz.
Nördliche Hauptstr. 20, Rottach-Egern
Tel. 0176 84799752

Lakeside-Bar im Seehotel Luitpold

Die Lakeside-Bar gehört zu den Hotspots der Talbewohner. An die hundert verschiedene Cocktails stehen auf der Karte. Smartes Ambiente, jeden zweiten Mittwoch im Monat gibt es hier ab 18.30 Uhr das „After Work Tegernsee" zum Networking.
Hauptstr. 42, Tegernsee
Tel. 08022 1877970, www.seehotel-luitpold.de/restaurant/bar.html

SASSA-Bar

Sundowner hoch über dem See, dem Himmel so nah – was will der Mensch noch mehr? Einen Drink auf das Leben!
Ellingerstr. 10, Tegernsee
Tel. 08022 188090, www.leeberghof.de

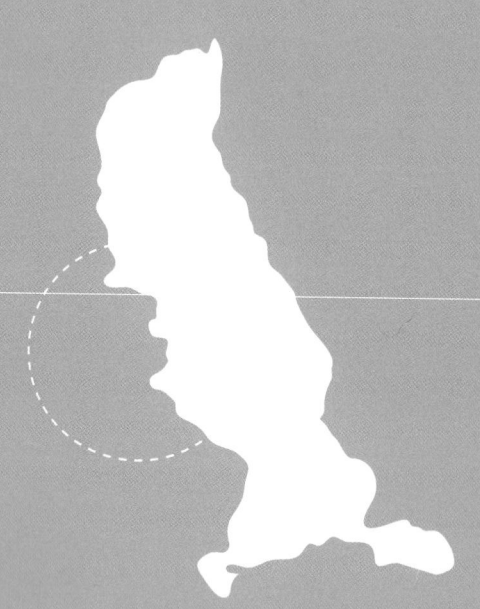

BAD WIESSEE

Antje Schura –
zuständig fürs Glück

M an könnte sagen, Antje Schura ist im Tegernseer Tal zuständig fürs Glück. „Ich darf arbeiten und leben an einer der schönsten Locations Deutschlands", schätzt sie sich glücklich. „Hier wird die Tradition gewahrt und trotzdem sind die Menschen weltoffen, das macht das Tegernseer Tal so interessant." Vom Balkon der Spielbank ist der Blick mehr als ein Gewinn, das Panorama vor der Glasfront im Spielcasino ein großes Los. Die gesamte östliche Seeuferlinie lässt sich von hier überblicken. Wo heute die Spielbank steht, befand sich einmal der Winnerhof, man übernahm die Adresse: Winner 1. Sie ist Versprechen und Programm zugleich. Die Spielbank gilt als die erfolgreichste Bayerns. Die Spieler können zwischen Automatenspiel, Großem Spiel, Französischem Roulette, American Roulette, Black Jack und Poker wählen. In der dazugehörigen Winners Lounge erwartet auch Nichtspieler Unterhaltung vom Feinsten. Prominente Künstler, Kabarettisten und Comedians sorgen stets für ein gutes Programm. „Brenner im Casino" bietet leichte italienisch-asiatische Gerichte. Im Sommer gibt es auf der Waldbühne hinter der Spielbank „Jedermann"-Aufführungen des Theaters der Burgspiele. Nach den Veranstaltungen ist bei den Eintrittskarten ein Glas Prosecco sowie eine erste Einweisung in die Spielregeln des Französischen Rouletts im Demo-Raum inklusive. Mit VIP-Jetons kann dann im richtigen Spiel gesetzt werden. Glück hat eben viele Facetten. Genuss ist im Tegernseer Tal garantiert. Erfolg, Gesundheit, Geld und immer die richtige Portion Fortune wünschen die Tegernseer ihren Gästen.

Antje Schura ist seit zwölf Jahren Spielbank-Direktorin in Bad Wiessee. Es ist das umsatzstärkste Casino Bayerns.

Max Jäger –
Aufbruch in die Zukunft

Seit mehr als vierzig Jahren werden Gäste im Freihaus Brenner aufs Allerbeste verwöhnt. Frisches aus der Saison und Gutes aus der Region stehen auf der abwechslungsreichen Speisekarte. Ente, Blutwurstgröstl oder Jungbullenfilet auf Stein serviert gehören zu den Klassikern des Hauses. Zum Dessert verführen Mangolasagne oder Cassis-Mousse-Törtchen. Der Keller bietet viele exzellente Weine aus Deutschland, Südtirol, Italien und Österreich. Das Restaurant hoch über Bad Wiessee ist eine Institution im Tal. Es zieht Gäste nicht nur aus der näheren Umgebung, sondern aus ganz Deutschland an. Hier fühlen sie sich warm und herzlich willkommen geheißen. Max Jäger und seine Frau Katharina haben das Freihaus Jupp Brenner und seiner Frau Christine übernommen. Sie wollten nach vier Jahrzehnten in die zweite Reihe treten, mit ein wenig mehr Freizeit und Muße leben. Das Schöne: Es war ein fließender Übergang, ein Miteinander-Wachsen. Drei Jahre haben sich „die Jungen" und „die Alten" Zeit gegeben, die Übergabe fast bilderbuchmäßig hinzubekommen. „Man muss großzügig sein", sagt Jupp. „Der Mensch ist heute meist nur mit sich persönlich großzügig." Vielleicht ist das sein Geheimnis für so viel Erfolg. Jupp denkt und handelt großzügig. Er fühlte sich nie nur als Bad Wiesseer, für ihn stehen immer das gesamte Tal und seine Gäste an erster Stelle. Und Max sagt dazu: „Ich arbeite dafür, dass auch in vierzig Jahren eine der besten Genussadressen im Tegernseer Tal lautet: Freihaus Brenner!"

Max Jäger packt's an. Vor zwölf Jahren begann er bei Jupp Brenner als Jungkoch, ist dann in die große Welt gezogen und nun mit viel Erfahrung an den Tegernsee zurückgekehrt.

Bad Wiessee
Vital und lebendig

Der Fund der stärksten Jod-Schwefel-Quellen Deutschlands machte das Dorf am Westufer des Tegernsees zum Kurort Bad Wiessee. Hier konzentriert sich die Heilkraft des Tegernseer Tals in Bädern und Kliniken. Inzwischen haben sich neben dem Jod-Schwefelbad auch Fachkliniken für Orthopädie, Traumatologie, Sportmedizin, innere Medizin und Kardiologie einen Ruf in ganz Deutschland erworben. Auch Bayerns erfolgreichste Spielbank gehört zu Bad Wiessee.

◉ Anschauen

Bad Wiessee ist der jüngste Ort am Tegernsee. Viele Jahrhunderte lang gab es nur die großen Höfe von Altwiessee. Sie waren allesamt Lehenshöfe des Klosters. Mit dem Aufkommen des Tourismus entstand Ende des

Steinbrecher- und Hagnbauer-Hof mit der Maria Himmelfahrtskirche.

19. Jh. rund um die Poststation, den Gasthof zur Post, ein neues Zentrum. Heute gibt es hier eine Vielzahl von Gästehäusern. Die unterschiedlichen Ortsteile sind mit einem Spaziergang an der Seepromenade zu erreichen.

Aquadome

Es ist das größte begehbare Süßwasseraquarium Bayerns. Hier lässt sich viel über die Lebensweise von rund zwanzig Süßwasserarten, von Hecht und Saibling über ganze Schwärme von Renken aus dem Tegernsee bis zum heimischen Edelkrebs lernen. Daneben gibt es ein Bistro der Tegernseer Fischerei, in dem zum Wochenende fangfrischer Fisch angeboten wird.

Täglich geöffnet, Eintritt frei, Überfahrtweg 13, Bad Wiessee

Maria Himmelfahrt

Sehenswert ist die katholische Pfarrkirche, die 1926 geweiht wurde. Es finden sich neben einem frühgotischen Kreuz auch frühchristliche Symbole und Malereien astrologischer Zeichen. Architekt war Rupert von Miller, der Neffe des Begründers des Deutschen Museums. Familie von Miller kam im Gefolge des Königs an den Tegernsee

und hat durch ihre tiefe Verbundenheit dem Tal viel gegeben. Bis zum Bau der Kirche musste man zu Gottesdiensten, Hochzeiten oder Beerdigungen mit Booten über den See nach Tegernsee übersetzen.

Fritz-von-Miller-Weg 4 a, Bad Wiessee

Altwiessee

Am Dorfplatz von Altwiessee hat man den schönsten Eindruck von Bad Wiessee. Der Blick auf die Maria-Himmelfahrt-Kirche mit dem Kampen im Hintergrund ist einmalig, der Blick hinüber nach Tegernsee aufs Kloster ebenso. Die alten stolzen Höfe rund um den Dorfplatz lassen ahnen, wie imposant das Klosterlehen auf der Westseite des Sees gewesen sein muss. Seit dem 17. Jh. ist es im Kern unverändert. Beachtenswert der Wendelin-Brunnen vor dem Sternegger-Hof. Der Sperrhof daneben gilt als der älteste Hof, die Jahreszahl 1592 ist eingeschnitzt. Aus Klosterzeiten steht am Weg zur Seepromenade noch der ehemalige Troadkasten, also Getreidekasten. Der Kornspeicher weist darauf hin, dass hier einmal Getreide angebaut wurde.

Quirinusölkapelle

Der Legende nach sah ein Mönch im gegenüberliegenden St. Quirin einen schlierigen Ölstreifen auf dem Wasser. Als er dem Streifen folgte, entdeckte er in der Nähe des Rohbogner Hofs eine Erdölquelle. 1441 ließ der Tegernseer Abt ein Brunnenhaus über dieser Stelle errichten. Das Öl diente als Heilöl. Im Zeitalter der Industrialisierung erinnerte man sich an die Ölfunde und begann systematisch nach Erdöl zu bohren. Zwölf Bohrtürme förderten Öl, eine Pipeline führte über den See zum Gmunder Bahnhof. Als das Erdöl versiegte, insistierte der Niederländer Adrian Stoop auf weiteren Bohrungen. Er entdeckte dadurch die Jod-Schwefel-Quellen.

Kapelle auf dem Gelände des Wiesseer Golfplatzes. Rohbognerweg 17, Bad Wiessee

Jod-Schwefelbad

Die heilsamen Jod- und Schwefelquellen in Bad Wiessee wurden Anfang des 20. Jh. vom holländischen Ingenieur Adrian Stoop entdeckt. Das Heilwasser der „Königin-Wilhelmina-Quelle" und der „Adrianus-Quelle" fließt bis heute. Linderung und Heilung ist bei Augenerkrankungen

Südtirols Stararchitekt Matteo Thun plant das neue Jod-Schwefelbad.

wie dem „Trockenen Auge", bei Entzündungen, bei beginnender Makula-Degeneration gegeben, auch bei Hauterkrankungen wie Psoriasis, Neurodermitis; bei Ekzemen, bei Erkrankungen der Atemwege und des Bewegungsapparats ist die medizinische Wirkung bewiesen. Das Terrain des Jod-Schwefelbads wird ab 2017 grundlegend saniert. Stararchitekt Matteo Thun entwirft die neuen Räumlichkeiten. Während der Übergangsphase geht der Betrieb im Wiesseer Bade-Park weiter.

Wilhelminastr. 2 (1. Stock), Bad Wiessee

Lindenplatz und Gasthof zur Post

Der Platz vor dem Gasthof zur Post wurde neu gestaltet. Er soll den Durchgangsverkehr im Zentrum des Orts weniger gefährlich machen. Die Gastwirtschaft am Lindenplatz ist seit mehr als einem Jahrhundert Mittelpunkt des Wiessee-Tourismus. Im Jahr 1901 wurden hier eine Poststation und dann sogar ein Telegraphen- und Telefonbetrieb eingerichtet. Novität war ein Postkraftwagenverkehr, der zwischen Gmund und dem Wiesseer Lindenplatz vier Mal am Tag verkehrte. Heute gibt es selbstverständlich Free-WLAN im Ort, Handyempfang und eine Bus-Ringlinie im Halbstundentakt.

Lindenpl. 7, Bad Wiessee

Wiesseer Friedenstaube

Das Denkmal, direkt an der Bundesstraße am nördlichen Ortseingang, aber leicht zu übersehen, erinnert an die dramatischen Ereignisse zum Ende des Zweiten Weltkriegs. Das Tegernseer Tal war Lazarettstadt. Am 3. Mai 1945 standen die US-Streitkräfte bereit, das Tal einzunehmen. In letzter Minute gelang es, durch Vermittlung des schweizerischen Generalkonsuls Dr. Paul Frei, die SS zum kampflosen Rückzug zu bewegen. Beim Versuch, die Amerikaner hiervon zu verständigen, wurden unweit dieser Stelle die Parlamentäre Franz Heiß, Dr. Friedrich Scheid und Dr. Fritz Winter hinterrücks niedergeschossen. Trotz schwerster Verwundungen konnten sie mit letzter Kraft ihre Mission erfüllen. Dr. Scheid und Dr. Winter erlagen kurz darauf ihren Verletzungen. Franz Heiß überlebte schwerstverletzt. Erst mit der Kapitulation der 17. SS-Panzergrenadierdivision „Götz von Berlichingen" am 6. Mai 1945 in den Kreuther Bergen endete der Zweite Weltkieg auf deutschem Boden.

Münchner Str., Bad Wiessee

Spielbank und Winners Lounge

Ein bisserl Las-Vegas-Feeling schaffen Antje Schura (s. S. 94) und ihr Team in der Spielbank Bad Wiessee. Dabei geht es hier nicht nur um Glücksspiel: In der Winners Lounge gibt es auch ein breites kulturelles Programm.

Winner 1, Bad Wiessee.
Spielfreie Tage unter
www.spielbanken-bayern.de

✗ Schlemmen und Schlafen

Freihaus Brenner

Man kann hier schlemmen, das Freihaus Brenner ist eine kulinarische Institution. Man könnte hier auch schlafen. Im Haus gibt es eine wunderschöne Feriensuite. Da kann man die Augen aufschlagen und auf den tiefblauen See und die Berge blicken. Alle Annehmlichkeiten sind im Angebot, wie Frühstück, Roomservice, Personaltrainer, Massagen, E-Bikes etc. Ach so – und dann natürlich das Restaurant – hatten wir schon erwähnt, dass man hier himmlisch speist?

Freihaus Brenner

Freihaus 4, Bad Wiessee
Tel. 08022 86560,
www.freihaus-brenner.de

Ferienwohnungen Kampenblick

Zeit – Ruhe – Muße für sich selbst, das ist die Philosophie der Gastgeber Karolina und Josef Meißauer. In ihrem Haus kann man viel für die eigene Gesundheit tun. Sie setzen auf allergenfreie Umgebung. Die sechs unterschiedlich großen Ferienwohnungen sind teilweise mit Zirbenholz ausgestaltet, im ganzen Haus fließt Grander Wasser. Karolina bietet Ayurveda-Massage und Behandlung mit Naturkosmetik, Josef ist Nordic-Walking-Trainer und unternimmt als Tegernseer Heimatführer Bergwanderungen mit seinen Gästen.

Ab 61 €, Hubertusstr. 15, Bad Wiessee, Tel. 08022 83145, www.ferienwohnung-kampenblick.de

Landhaus am Stein

Familie Schnorr hat jedes Zimmer im geräumigen Landhaus genau so eingerichtet, als ob sie selbst darin wohnen wollte. Kein Zimmer gleicht dem anderen, ausgestattet in einer

Mischung aus bayerischer Tradition und natürlich-modernem Landhausstil. Im Winter ist die Kamin-Suite mit offenem Kamin der perfekte Ort zum gemütlichen Einkuscheln. Schwimmbad, Saunen und Infrarot im edlen Spa-Bereich. Speziell für Tagungsgäste unterhält die Familie das benachbarte Landhaus Christl.

Ab 180 €, Im Sapplfeld 8, Bad Wiessee, Tel. 08022 98470, www.landhausamstein.de

Bio Design Landhaus St. Georg ***S

Kleines, feines Bio-Hotel im Landhausstil. In Kooperation mit dem weltbekannten Designunternehmen Designers Guild aus England wurde das Hotel im Jahr 2015 komplett renoviert und neu gestaltet. Absoluter Luxus sind die Naturbetten von Hästens, dem Hoflieferanten des schwedischen Königshauses. Nach herrlich erholsamem Schlaf gibt es zum Start in den Tag ein eindrucksvolles Frühstücksbüfett mit frischen Bioprodukten von Bauern aus der Region.

Ab 79 €, Jägerstr. 20, Bad Wiessee, Tel. 08022 6626100, www.stgeorg.net

Steinbrecherhof am See

590 Jahre alt ist das stattliche Bauernhaus in Altwiessee. Direkt über dem Tegernsee thront es, durch den Garten und eine kleine Holztreppe geht es zum Wasser. Klassisch und heimelig ausgestattet sind die Zimmer und Ferienwohnungen. Die 2016 renovierte Ferienwohnung im Zuhäusl ist mit holzvertäfelten Decken und Wänden, dem Sitzkachelofen und lichtdurchfluteten Räumen besonders schön geworden.

Ab 41 €, Dorfpl. 7, Bad Wiessee Tel. 08022 81146, www.steinbrecherhof.de

Gästehaus Gartenheim

Familiengeführte Pension, ruhig gelegen, direkt an der Seepromenade. Das Landhaus bietet Ferienwohnungen und Zimmer. Die Enkelin des Erbauers, Marianne Schäffler, ist heute Seniorchefin und gute Seele, auch wenn bereits die nächste Generation für die Gäste sorgt. Bei einem netten Schwätzchen geben sie und ihr Mann Josef gerne Ausflugstipps oder berichten Wissenswertes rund um den Tegernsee.

Zimmer ab 36 €, FeWo 58 €, Löblweg 8, Bad Wiessee Tel. 08022 81443, www.haus-gartenheim.de

Genuss und Shoppen

Bussy Baby

Ab in die Zukunft, heißt es im alten Bad Wiessee. Als Hotspot wurde gerade das Bussi Baby eröffnet, ein junges Hotel mit Thai-Bar. „Eat spicy" ist das Motto von Lucky Thongtong, der authentische thailändische Küche anbietet. Ein Genuss!

Sanktjohanserstr. 46, Bad Wiessee
Tel. 08022 8670
www.bussibaby.com

Schuhe Kühn

Schaut aus wie ein Schuhgeschäft, ist aber ein Schuhtrend-Wohlfühl-Laden. Robert und Thomas Kühn wissen: Schuhe sind der Frauen liebste Mode, braucht frau sie doch selten eine Größe weiter, passen sie doch auch nach dem Übermaß an Nachspeise. Hier entdeckt man die neuesten Trends, wird ehrlich beraten und tauscht sich bei einem Kaffee oder einem Glas Sekt über Neuigkeiten aus.

Münchner Str. 12, Bad Wiessee
Tel. 08022 7069251,
www.kuehn-schuhe.de

Tracht & mehr

Tracht in Hülle und Fülle, Tracht für die Damen, die Herren und

Das Bussi Baby bietet lifestyle im ehemaligen Wiesseer Kirchenwirt

Kids gibt es hier. Von Trachten-dessous über Ketterl, Schuhe oder Taschen findet sich so mancher Schatz im Laden.

Lindenpl. 1, Bad Wiessee
Tel. 08022 1875633,
www.trachtundmehr.de

Schusters Milch- & Kaffeebar

Der perfekte Start in den Tag – auch für Langschläfer. Das klassische Weißwurstfrühstück steht ebenso auf der Karte wie Breze mit Kichererbsenaufstrich, Smoothies oder Veganes. Alles ist frisch und ansprechend zubereitet. Zusätzlicher Pluspunkt für Kaffeefans: Der „Spezialitäten-Kaffee des Monats", da gibt es neue Kaffeesorten zum Probieren. An der Theke gibt es für den Schusters-Genuss zu Hause auch hausgemachte Marmelade zu kaufen.

Münchner Str. 35, Bad Wiessee
Tel. 08022 1887877

Buchhandlung Ilmberger

Interessantes aus dem Tal und aus der Welt. In der gut sortierten Buchhandlung lässt sich wunderbar stöbern. Die Damen sind gut informiert und beraten kompetent. Futter für den Kopf gibt es in Form der neuesten Bestseller, schöner Reise-literatur, Wanderkarten, Sach-büchern oder Romanen. Auch Musik-CDs, Hörbücher oder Postkarten sind im Sortiment.

Münchner Str. 17a, Bad Wiessee
Tel. 08022 81714,
www.buch-ilmberger.shop-asp.de

Il Buon Gelato

Hausgemachtes Eis in großer Auswahl. In der kleinen Eisdiele von Roberto Andreetta wird das Eis noch selbst gemacht, nach seinen eigenen Rezepten. Er weiß, was drin ist, woher die Zutaten kommen. Alle paar Tage sind andere Sorten in der Theke, sodass es immer wieder neue Kreationen zu erschmecken gilt.

Lindenpl. 4, Bad Wiessee
Tel. 08022 5071197

Südtiroler Bauernkost

Speck, Käse, Vinschgerl, Schüttelbrot, Marillensenf – alles Gute aus Südtirol gibt's mitten in Bad Wiessee. Und Weine, Lugana, Barolo, Lagreiner – Südtirol ist uns hier so nah, wie sonst im Herzen. Die Ladeninhaber sind Weinliebhaber und Kellermeister im ältesten Familienweingut Südtirols.

Do–Sa geöffnet, Am Lindenplatz 10, Bad Wiessee
Tel. 08022 9809933

WANDERN

 **Holz und Boarhof**

Schwierigkeit: mittel – Länge: 10 km – ca. 160 Höhenmeter –
Gehzeit: knapp 3 Stunden – Einkehr: Boarhof

Highlights:

Wiesseer Flyschberge – durch artenreichen Bergmischwald – Moore und Feuchtwiesen – Bauernsiedlung Holz – Einkehr im Boarhof – Seeuferweg

Start ist an der Touristinfo von Bad Wiessee, direkt am Lindenplatz. Von hier führt der Weg zunächst rechts an den Zeiselbach und an diesem entlang, steil hinauf zur Prinzenruhe. Diese heißt so, weil Prinz Carl Theodor hier sein Jagdrevier hatte und gerne auf der Höhe eine Rast einlegte. Vor einem Unterstand mit Holzbankerl steht eine Schautafel, die die umliegenden Berge und den Ort Bad Wiessee mit seinen Sehenswürdigkeiten erklärt. Die bewaldeten Flyschberge bei Bad Wiessee zählen zu den wertvollsten Naturschätzen der Voralpen. Im weiteren westlichen Bereich dieses Bergwaldes existieren noch Schlucht-Hangmischwald, Waldmeister-Buchenwald, Weichholz-Auwälder und etwas Moorwald, dazu artenreicher Borstgrasrasen.

Auf diesen Bergkuppen gibt es das größte und repräsentativste Vorkommen des Hainsimsen-Buchenwaldes im gesamten Alpenraum. Der ausgeschilderte Weg durch den Wald führt weiter Richtung Freihaus Brenner, danach geht es wieder hinab, durchs Quercherfeld, quasi hinter dem Ort von Bad Wiessee entlang. Einfach den Hinweisschildern Richtung Holz folgen, dann kommt man am Golfplatz und an der Quirinuskapelle vorbei. So lässt es sich gemütlich bis nach Holz dahinwandern, zu einer kleinen Bauernschaft, die heute ein Ortsteil von Bad Wiessee ist. Besondere Einkehr lässt sich am Boarhof machen. Der Hof wird als Selbstversorgerhof geführt. Familie Markus Bogner verkauft im Hofladen und Café, was sie selbst herstellt, alles saisonabhängig. Auch die Öffnungszeiten.

Von hier aus geht es weiter Richtung Kaltenbrunn und dann am Seeuferweg zurück.

Dieser Tipp stammt von **Josef Meißauer**, Tegernseer Heimat- führer und Gästehaus- besitzer:
Hubertusstr. 15,
Bad Wiessee
Tel. 08022 83145,
www.ferienwohnung- kampenblick.de

DER TEGERNSEE UND ...

Sport im Winter

Im Tegernseer Tal lässt sich so ziemlich alles betreiben, was an Sport zu betreiben ist. Dafür gibt es eigene Sport- oder Wanderreiseführer. Wer mitmachen will: Es gibt z. B. den Tegernsee Triathlon oder die 24h Trophy.
www.tegernsee-triathlon.de
www.24h-trophy.de

Ja, die Tegernseer können Winter, wenn wir Winter haben! Das Klima ändert sich auch im Tegernseer Tal. Aber dennoch gibt es immer wieder wunderschöne Winterwonderland-Zeiten. Die schneesichere Zeit ist meist Ende Januar, Mitte Februar.

Eistanz auf dem See gibt es nicht mehr

Der See friert nicht mehr jeden Winter zu, wie früher, als Skijöring und Eissegeln „normal" waren. Vor gut hundert Jahren übten die Dichter und Denker der Satirezeitschrift „Simplicissimus" das Skispringen in Finsterwald. Daran erinnern noch Überreste einer Schanze vor dem Feichtner Hof. Diese Art Wintersport ist wirklich vorbei. Heute rodeln an diesem Hang meist Kinder auf ihren Bobs herunter.

Audi Skizentrum Sonnenbichl

Aber der legendäre Sonnenbichlhang in Bad Wiessee ist heute das „Sonnenbichl Audi Ski-Trainingszentrum". Hier sind die Profis der nationalen und internationalen Ski-Elite unterwegs. Der Hang ist nicht öffentlich zu befahren, man kann aber gerne öffentlich zuschauen. Und Unternehmen können sich am Sonnenbichl für Tagungen oder Incentives einbuchen.

Erinnerungen für Skirennfahrer und Fans

Erinnern Sie sich noch an Namen wie Toni Sailer, Willy Bogner, Traudl Hecher, Rosi Mittermaier, Christian Neureuther oder Prinz Karim Aga Kahn IV. und Jean-Claude Killy? Gut – dann haben Sie selbst schon einige Winter erlebt, denn diese Namen fanden sich in den Starterlisten der 1950er- bis 1970er-Jahre.

weiter auf Seite 110

Viktoria Rebensburg – waschechte Kreutherin mit riesiger Fangemeinde

Seit ihrem Olympiasieg im Riesenslalom in Vancouver 2010 gehört Viktoria Rebensburg zur Weltspitze der Skirennfahrerinnen. Vicky, wie sie hier genannt wird, ist eine waschechte Kreutherin. Wenn sie extra Power braucht, tankt sie bei der Familie auf. Mama und Papa gehören zu den nettesten und hilfreichsten Menschen im Tal, der Onkel komponiert grandiose Musik, die Schwester ist anerkannte Wissenschaftlerin und der Bruder Ingenieur, der sich mit dem Vater zusammen auch am Audi Skizentrum Sonnenbichl engagiert. Die enge Bindung zum Tal drückt sich nicht nur in Familienbanden, sondern auch in ihrem Engagement für die Initiative „Dein Winter. Dein Sport" aus. Diese fördert unter anderem den regionalen Skinachwuchs. Viktoria hat hier auch eine immense Fangemeinde, sowohl organi-

siert im Fanclub (www.fanclub-viktoria-rebensburg.de) als auch unorganisiert, einfach so. Denn „die Vicky" ist ein Pfundskerl, super nett, total bescheiden bei so viel großartiger Leistung und einfach hier daheim.

Ob für Skater oder klassische Läufer, die Loipen sind immer gut präpariert.

In den 1980er-Jahren wurden hier internationale Welt-Cup-Rennen im Slalom gefahren, Sieger waren Ingemar Stenmark (SWE), Franz Gruber (AUT), Phil Mahre (USA), Marc Giradelli (LUX). Wenn Sie nur die Skisport-Namen von heute kennen: Hier starten und trainieren Viktoria Rebensburg und Felix Neureuther oder der Skinachwuchs wie Markus Wasmeier junior.

Wintersport für alle

Eisstockschießen

Das ist ein Winterspaß „for beginners" – man darf sich noch ganz unwissend zeigen und irgendwie einfach mitmachen. Es gilt, mit dem Eisstock so nah wie möglich an die Daube zu kommen, in der Umgangssprache: „ins Häusl schiaßn und den andern Stock wegstößn". Irgendwie gibt's Punkte dafür, das ist aber egal, denn mit eiserstarrten Fingern lassen die sich ohnehin nicht aufschreiben. Das wiederum ist eine Grundlage für nette Flirtmöglichkeiten bei der Hilfesuche.

Tegernsee, Eisplatz an der Schießstätte; Rottach-Egern, Eisplatz Enterrottach; Gmund, Eisplatz Finsterwald; Kreuth, Eisplatz in Enterbach

Schneeschuhwandern

Eine genussvolle Art, die Berglandschaft rund um den Tegernsee zu erkunden, bieten die rund 225 Kilometer Winterwanderwege. Wer es etwas sportlicher mag, geht mit den Schneeschuhen auf tief verschneiten Pfaden zur gemütlichen Hütteneinkehr. Notwendig wär's, dabei auf das Wild zu achten – Mensch muss

Vor dem Runterrodeln heißt's hinaufsteigen.
Nur am Wallberg gibt es eine Gondel.

nicht überall rumlaufen, die Gamserl schwarz und braun sind ohnehin schon zu gestresst und dezimiert. Naturverträgliche Wanderwegempfehlungen gibt es bei den Tourist-Infos, Touren auch in Begleitung von Tegernseer Heimatführern.
www.tegernseer-heimatführer.de

Langlauf

Sowohl klassische Langläufer als auch Skater finden im Tegernseer Tal die passende Strecke. Auf den über 100 Loipenkilometern finden sich leichte bis sehr anspruchsvolle Profile. Die Loipen sind an einigen Stellen sogar beleuchtet und dank Höhen- und Schattenlage bis in den Frühling befahrbar. Eine der schönsten ist die „Klassische Loipe" in Kreuth. Sie führt durch tief verschneite Wälder und kleine Täler in Richtung Glashütte. Das Tegernseer Tal ist eine der ersten „DSV Nordic aktiv Ganzjahres Regionen" Deutschlands. Es hält neben den Loipen im Winter auch im Sommer passende Strecken in drei Schwierigkeitsstufen bereit. Eine Art Geheimtipp ist die Langlaufloipe in Waakirchen-Schaftlach, hier sind weniger Sportler unterwegs. Das Streckennetz unter:
www.tegernsee.com

Rodeln

Neun Abfahrten, unter anderem vom Wallberg, Setzberg, Hirschberg und der Kreuther Klamm, machen die Region Tegernsee zu einem Paradies für Rodler. Da die Gemeinden großen Wert auf unverfälschte Natur legen, ist nur der Wallberg per Gondel erreichbar. Die Wallberg-Naturrodelbahn zählt mit 30 Minuten und 6,5 Kilometern Abfahrtsvergnügen zu einer der längsten Rodelbahnen Deutschlands. Wer an einer Einführung in das sichere Rodeln teilnehmen will, ist beim Kreuther Rodelverein in den richtigen Händen. Kreuth ist zudem Austragungsort internationaler Rodelwettkämpfe und regionaler Rennen wie beispielsweise dem großen Preisrodeln am Hirschberg im Februar.

www.rodelclub-kreuth.de

Skifahren und Snowboarden

Das Skigebiet Spitzingsee-Tegernsee liegt quasi in der Metropolregion München. Es ist das nächstgelegene Skigebiet zur Großstadt, bietet abwechslungsreiche und anspruchsvolle Abfahrten, 21 Bahnen und Lifte sowie Übungshänge. Die Hauptabfahrten Sutten und Stümpfling werden künstlich beschneit. Von der Suttenbahn aus lässt es sich hinüber zum Spitzingsee-Gebiet schaukeln. Auch für Skitourengeher gibt's da schöne Varianten. Am Wallberg lockt der sehr steile und nicht präparierte „Glashang" auf der Nordwestseite des Wallbergs die Freestyler. Wer es

etwas ruhiger angehen möchte oder sich neu an den Sport heranwagt, nutzt die Abfahrten am Oedberg, Hirschberg oder Kirchberg. Nachtskiläufer freuen sich am Oedberg auf beleuchtete Pisten. Und damit die Snowboarder sich nicht ausgeschlossen fühlen, sprechen wir es extra an: Freilich sind sie in diesen Gebieten genauso gut unterwegs.

Beim Alpen Plus Skipass- und Bergbahnverband (fünf Unternehmen mit insgesamt 75 Bergbahnen und Liftanlagen in Oberbayern – darunter die Region Tegernsee – und Tirol) erwerben Wintersportler Mehrtages-Skipässe, Saison- und Familiensaisonkarten.

www.alpenplus.de

Pisten-Etikette

Es gibt einen Verhaltenskodex für Skifahrer. Helm tragen, Versicherung haben, all das ist inzwischen selbstverständlich. Aber es gibt auch Verkehrsregeln auf der Piste, die für Skifahrer und Snowboarder gelten. Schauen, bevor man losfährt, die Geschwindigkeit jederzeit kontrollieren können, nicht an unübersichtlichen Stellen auf der Piste sitzen … Die FIS-Verhaltensregeln der Stiftung Sicherheit im Skisport sind nicht nur nette Empfehlungen, sondern auch Grundlage für eventuelle Streitigkeiten mit Versicherungen und Justiz.

www.ski-online.de/stiftung-sicher heit/fis-verhaltensregeln.html

Und hier können Sie sich ausstatten: Sport Schlichtner

Wenn es ums Klamottenkaufen geht, gibt es viele ordentliche Sportgeschäfte wie Estner in Bad Wiessee oder Bergzeit in Moosrain. Rundum-Service für Wintersport und Ausrüstung gibt es bei Sport Schlichtner. Die Skiservice-Werkstatt arbeitet mit dem neuesten Schleif-Roboter, kümmert sich um die Ski der Rennläufer vom Skigau Oberland genauso wie um die Ski von Genussfahrern. Schlichtners „Skischuh-Store im Store" ist mit mehreren Bildschirmen vernetzt, ein Scanner-Arm dreht sich im Boden. Bei ihm wird jeder Fuß, der in einen Skischuh soll, digital vermessen – von der Zehe bis zur Wadenmitte. Das ist wichtig bei Frauen, deren Wadenansatz kürzer ist als bei Männern. Drum sind die Schuhe für sie oft oben zu eng, wenn eine feste Waden hat. Der Computer überblendet dann das Abbild des Fußes mit

Baden in der Sonne ist am Wallbergplateau auch ein angenehmer Sport.

der ausgewählten Schale des Skischuhs – Aha-Effekt inbegriffen. Der Innenschuh bekommt eine Maßeinlage, man könnte ihn auch komplett beheizbar einbauen. Weniger kostspielig: Ski und Schuhe ausleihen.

Nördliche Hauptstr. 7, Rottach-Egern, Tel. 08022 2255, www.sport-schlichtner.de Testcenter Alpin an der Sutten, Talstation Suttenbahn, Tel. 08022 8598999 Testcenter Langlauf, gegenüber dem Kutschenmuseum: Feldstr. 11, Rottach-Egern Tel. 08022 26561 Alles online zu reservieren unter www.sport-schlichtner.de/ skiverleih

DER TEGERNSEE UND ...

Sport im Sommer

Für Schwimmer, Segler, Surfer und Taucher ist der glasklare Tegernsee ein Eldorado. In den Strand- und Freibädern von Rottach-Egern, Kreuth, Tegernsee und Wiessee kommen Schwimmer und Sonnenanbeter auf ihre Kosten, und auch für Bergseetaucher ist der Tegernsee ein beliebtes Ziel. In den frühen Morgenstunden zieht es bei besten Wetterbedingungen Kitesurfer an den Tegernsee. Besonderheit: An der „Point" in der Stadt Tegernsee erwartet die Wasserratten ein karibisch-weißer Sandstrand. Hier befindet sich auch der Beachvolleyballplatz. Wer mit dem Tretboot oder einem E-Boot in die Wellen hinausstechen will, kann das ebenso tun. Motorboote fahren nur die Retter der Wasserwacht.

Wassersport

Der Tegernsee ist ein wahres Segelparadies. Dank seiner Lage herrschen aufgrund der Thermik immer gute Windverhältnisse. Das heutige „Sailingcenter" in Bad Wiessee hat eine lange Tradition. Hier wurde bereits im Jahr 1929 von Lorenz Hornsteiner ein Bootsverleih mit Segelbooten gegründet. Heute umfasst das Angebot neben klassischen Segelkursen vom Grundkurs bis zum Sportküstenschifferschein auch Regatta- & Matchrace-Trainings sowie zahlreiche „corporate sailing"-Angebote wie das Stand-Up-Paddeln. Des Weiteren nutzen Urlauber die Angebote der Segelschule Stickl in Gmund und der Yachtclubs in den Orten Bad Wiessee und Tegernsee.

www.sailingcenter.de
www.segelschule-stickl.de
www.ycbw.de, www.ycat.de

Paragliding

Schwerelos wie ein Vogel fühlen sich die Sportler der Lüfte, wenn sie vom 1722 Meter hohen Wallberg starten. Neben ihnen die atemberaubende Bergwelt, dahinter die ersten Gipfel der Alpen und unter ihnen der blaue See mit seinen fünf charakteristischen Orten. Lautlos gleitet man vom Gipfel bis hin-

Zu Wasser, an Land oder in der Luft: Am Tegernsee findet jeder eine Beschäftigung, die ihm taugt.

ab ins Tal. Wer sich das Fliegen alleine noch nicht zutraut, kann Tandemflüge mit erfahrenen Fluglehrern buchen.

www.paraglidingtegernsee.info

Ballonfahren

Einmal das Meer sehen – der Blick auf das Meer der Alpengipfel von einem Heißluftballon aus ist unvergesslich. Es gibt auch die Möglichkeit der Alpenüberquerung, dann fährt man bis Venedig. Wer's weniger weit möchte, muss etwa vier Stunden Ballonfahrt einrechnen und erkundet die Region des Tegernseer Tals mit ihren umliegenden Bergen, den entfernten Gipfeln und Tälern.

www.ballooning-tegernsee.de

E-Biken

Mühelos durch die Landschaft der Münchener Hausberge radeln, weit rumkommen und sich dabei keine Sehenswürdigkeit entgehen lassen: Mit dem E-Bike (bzw. Pedelec) können bewegungshungrige Gäste auf ganz bequeme Art und Weise – und zudem auch noch sportlich – die schönsten Flecken der Ferienregion Tegernsee ansteuern und genießen. Durch die Vernetzung einer Vielzahl von Partnern entdeckt man gemütlich die Berg- und Seenlandschaft in den bayerischen Voralpen auf zwei Rädern, und das bei vollem Einsatz des Akkus.

Aufladestationen unter www.tegernsee.com

Bergauf, bergab – der Golfclub Margarethenhof zählt zu den attraktivsten Golfanlagen im deutschsprachigen Raum.

Golf

Das Tegernseer Tal bietet ideale Voraussetzungen für Golfer: Zwei anspruchsvolle 18-Loch-Golfplätze in Bad Wiessee und in Marienstein, ein anspruchsvoller Sechs-Loch-Kurzplatz in Tegernsee und eine weitläufige Driving Range wiederum in Bad Wiessee. Sieben weitere Plätze sind in einer halben Stunde Fahrzeit erreichbar. Die Vereinigung „Golf Tegernseer Tal", die neben den Golfplätzen aus Hotels und Gästehäusern besteht, ist der Ansprechpartner für Golfurlaub am Tegernsee. Je nach Kategorie halten die Hotels Gutscheine für vergünstigte Greenfees oder spezielle Golfarrangements bereit.
www.golf-tegernseer-tal.de

Radfahren und Mountainbiken

Sportler erkunden das Tegernseer Tal auf zahlreichen Rad- und Mountainbiketouren verschiedener Schwierigkeitsgrade. Klassiker sind Touren rund um und auf dem Wallberg, bei denen bis zu 780 Höhenmeter zu überwinden sind. In Kreuth gibt es den ersten BaySF Mountainbike-Trail mit sieben Kilometern Länge für ambitionierte Fahrer. Auf dem flachen Tegernsee-Rundweg dagegen genießen Familien beim Radeln den Ausblick auf Wasser und Berge. Eine sportliche Herausforderung ist der M-Wasserweg, das sind 82 Kilometer von München nach Gmund.
www.tegernsee.com/rad-bike.html

Nordic Walking

18 Nordic-Walking-Routen gibt es in den Gemeinden rund um den See. Sie sind vom DSV ausgewiesen und zwischen drei und 13 Kilometer lang. Alle Strecken sind klassifiziert nach leicht, mittel und schwer und meist auch für Kinder geeignet. Der Deutsche Wetterdienst (DWD) hat die Wege zusätzlich nach bio-klimatischen Kriterien bewertet.

Blick ins Tal, wie ihn die Paraglider an ihrem Startplatz am Wallberg haben.

Nicht nur im Sommer lässt sich's gut walken, auch im Winter sind Strecken ausgewiesen. Insgesamt kann man im Tegernseer Tal auf 131 Kilometern Gesamtstrecke unterwegs sein. Der DSV hat die Region Tegernsee 2017 als erste „Ganzjahres nordic aktiv Region" zertifiziert. Über die Tourist-Informationen werden auch geführte Nordic-Walking-Touren angeboten.

zahlreicher Wander- und Radtouren auf einen Blick – inklusive Höhendiagramm und Schwierigkeitsgrad. Alle Touren können ausgedruckt werden und stehen als GPS-Track zum Download bereit. GPS-Geräte sind in den Touristinformationen rund um den See ausleihbar.
www.tegernsee.com

Wandern

Wallberg, Tegernseer Höhenweg, Riederstein, Neureuth, Galaun, Kreuzbergalm, Hirschberg, Sutten, Bodenschneid … die Gipfel und die Wege hinauf sind gut beschrieben. Mit der Interaktiven Karte der Alpenregion Tegernsee Schliersee erhält der Urlauber eine ausführliche Beschreibung und Darstellung

Klettern

Der Kletterwald Tegernsee ist ein Hochseilgarten, der in den bestehenden Bergwald am Oedberg in Gmund integriert wurde. Auf insgesamt sechs Parcours können sich Teilnehmer in unterschiedlichen Schwierigkeitsgraden messen. Das Klettern ist bei fast jeder Witterung möglich.
www.kletterwald-tegernsee.de

Stephan Eder:
„Wäre ich nicht am See daheim – ich würde hier Urlaub machen!"

Der Tegernsee ist für mich so etwas wie der Gardasee der Alpennordseite – nur etwas kleiner und mit gemäßigteren Bedingungen. Der Südwind kommt morgens von den Bergen runter, mittags setzt die Thermik ein und er dreht auf Nord. Die besten Windverhältnisse herrschen zwischen 5 und 8 Uhr morgens, dann weht der sogenannte Tegernseer Frühwind. Zusammen mit Föhn kann er 5 bis 6 Bft. erreichen. Die Segelatmosphäre ist auf jeden Fall toll. Probieren Sie es doch einfach mal aus! Und wer sich mit Wassersport gar nicht anfreunden will, sollte standup-paddeln – der älteste Schüler, den ich hatte, war 84 Jahre alt. Es ist ganz einfach, die Bords sind kippstabil, vom Puls her ist es allenfalls so anstrengend wie ein Spaziergang. Man könnte auch sagen: Bei uns können Sie übers Wasser gehen! Im Tegernseer Tal lassen sich gut und gerne zwei Wochen Urlaub machen. Zu Wasser, am Berg, sogar in der Luft gibt es Aktivitäten. Das Schöne ist – es liegt hier alles so nahe beieinander! Sie können morgens segeln, mittags wandern, nachmittags standup-paddeln und am Abend noch eine Tour mit dem Mountainbike fahren. Die Möglichkeiten sind ziemlich grenzenlos, hier ist allenfalls Ihre Kondition das Limit. Das Wegenetz ist sehr gut ausgebaut. Und abends finden Sie immer ein anderes, tolles Restaurant. Wäre ich nicht am Tegernsee daheim – ich würde hier Urlaub machen. Denn ich finde, das Tegernseer Tal ist unglaublich abwechslungsreich und so charmant!

Stephan Eder ist Gründer des Sailingcenters in Bad Wiessee. Windsurfen, Kiten, Katamaransegeln, Schnuppersegeln, Kutterfahren oder Stand-Up Paddling – alles ist bei ihm möglich. www.sailingcenter.de

KREUTH

Korbinian Kohler –
tief verwurzelt, nach
höchsten Gipfeln strebend

Quellen und Bäder sind unser Reichtum am Tegernsee. Darum bauen wir in unserem Hotel eine „Wasserwelt", die unseren Gästen hilft, ihre Resilienzkräfte für den Alltag zu aktivieren. Die Heilkraft des Wassers hat hier eine lange Geschichte. Ob in Wildbad Kreuth, in Sankt Quirin oder im Jod-Schwefelbad – das Wasser war immer ein Geschenk für die Menschen, die hier leben. Über diese universelle Lebenskraft verfügen wir heute so, vielleicht zu selbstverständlich. Wir haben eine einzigartige alpine Seelandschaft, die gibt es sonst nirgendwo. Der See und die Berge liegen offen, mit weitem Himmel. Ich will den Menschen hier eine Wasserwelt jenseits vom Gebrauchs- oder Spaßerleben bieten. Wasser ist lebendiges Element. Wasser ist ein sensibles Element. Wasser spendet Kraft. Baden, Kuren, das klingt heute so nach Gesundheitsreform, aber es war immer ein heiliger Akt der Reinigung, der Stärkung. Wir werden Energie und Klang des Wassers in sensibler Weise zusammenführen und dabei auf Traditionen alter Kulturen setzen. Japanische Onsen-Rituale wird es ebenso geben wie Feuer- oder Eiswasserbäder. Was mich antreibt? Ich sehe mich als Lokalpatriot. Das Wort hat ein Freund aus Paris gegenüber meinem Vater oft gebraucht. Es hat nichts „tümelndes", es ist eine Auszeichnung gewesen, in diesem netten französischen Akzent. So sind wir Tegernseer nämlich: offen für andere und anderes, aber tief verwurzelt. Das gibt eine Stärke, die ich den Menschen mit meinem Tun weitergeben will.

Korbinian Kohler ist Hotelier des Hotels Bachmair Weissach.
Innerhalb weniger Jahre hat er aus einem ehrwürdigen Gasthof
ein exzellentes, jung-urbanes Hotel für Kosmopoliten geschaffen.

Helene, Herzogin in Bayern: Das Erbe zukunftstauglich bewahren

"Ich bin wohl die Kreutherischste unter uns Schwestern", sagt I. K. H. Helene, Herzogin in Bayern. Gemeinsam mit ihren Schwestern Sophie, Marie-Caroline, Elizabeth und Maria-Anna wuchs sie in Wildbad Kreuth auf. Trotz seiner Abgeschiedenheit hat dieser Ort immer wieder Geschichte geschrieben: Als Treffpunkt für die Kaiser von Österreich und Preußen, für den Zaren von Russland mit König Max I. Joseph und später als TV-Kulisse für CSU-Parteitage. Heute obliegt es Herzogin Helene, diese einzigartige Kulturlandschaft weiterzupflegen. Ob Land-, Alm- oder Forstwirtschaft, sie hat sich den Ruf erarbeitet, bodenständig und tatkräftig zu sein. Sie ist weit weg vom Gala-Bunte-Charity-Adelsklischee. Die Herzogliche Fischzucht, das Haflinger-Gestüt, selbst das einzelne Glas Honig aus der herzoglichen Imkerei – jedes Detail ist ihr bekannt. „Unsere Familiengeschichte verpflichtet, ich sehe mich als ein Glied in einer langen Kette, das für die nächsten Generationen arbeitet", sagt sie. Um das Erbe für die Zukunft zu bewahren, fällt sie auch mal unbequeme Entscheidungen. Wenn etwas nicht passt, macht sie darauf aufmerksam. Ihr Engagement ist vielfältig. So setzt sie sich u.a. für den Tierschutz heimischer Wildtiere und den Erhalt ihrer natürlichen Lebensräume ein oder sorgt mit einem Schaugartenprojekt für das Verständnis von Permakultur und Kulturpflanzen der Region.

Das Haus Wittelsbach ist eines der ältesten Adelshäuser Europas. Es stellte Pfalzgrafen, Kurfürsten, Fürstbischöfe, Könige und Kaiser. Prominentestes Mitglied ist wohl Kaiserin Elisabeth von Österreich. Sie ist die Ururururgroßtante von Herzogin Helene in Bayern.

Kreuth

Wo das Tal noch ursprünglich ist

Kreuth liegt dort, wo der Tegernsee beginnt. Ganz im Süden, an der Grenze zu Tirol. Oben in den Blaubergen entspringt die Weißach, sie prägt die Weißachau, ein Landschaftsschutzgebiet mit Mooren, Feuchtwiesen und seltenen Arten, bevor sie sich schließlich in den Tegernsee ergießt. Entlang dieses Flusses hat sich eine einzigartige Bauern- und Kulturlandschaft erhalten. Wetterexperten zählen hier mehr heitere Tage als anderswo. Grund ist der Föhn, der die Wolken schneller auflöst. Weil dies alles so einzigartig ist, darf sich Kreuth seit Sommer 2018 „Bergsteigerdorf" nennen. Das ist eine Auszeichnung, die nur drei weitere deutsche Dörfer führen dürfen. Die Berge sind hier zwar nicht ganz so himmelhoch wie in Tirol, aber steil und auch herausfordernd. Das Leben in Kreuth ist ein sehr besonderes: echt und schön.

Alles Leonhardi – links der Bergfels, rechts die Kirche in Kreuth.

⦿ Anschauen

Kreuth ist flächenmäßig die größte Gemeinde am See, 17 Ortsteile gehören dazu. Glashütte und Stuben sind die letzten Ortschaften auf bayerischer Seite. Dann geht es über den Achenpass nach Tirol. Dazwischen erwarten den Reisenden etliche Wanderstrecken, Reiter- und Pferderouten und im Winter einige der schönsten und schneesichersten Loipen Bayerns.

Leonhardikirche

Die offizielle Geschichte von Kreuth beginnt mit dem Bau der Kirche St. Leonhard im Jahr 1184. Vielleicht gab es schon vorher eine Kirche aus Holz. Die Kreuther Leonhardifahrt gilt als die älteste bayerische Wallfahrt zum Schutz von Pferd und Vieh. Dass die Kreuther einen besonderen Bezug zur Allmacht haben, ist auch an einer anderen Tradition abzulesen. An Allerheiligen werden die Gräber am Dorffriedhof mit unglaublich kunstvollen Gestecken geschmückt. In dieser Weise ist der Brauch im gesamten Alpenraum einzigartig und sehr sehenswert.

Pfarrweg 2, Kreuth

Wildbad Kreuth

Prominent wurde das Bad im vorletzten Jahrhundert, als Kaiser, Könige und Zaren hier kurten. Im letzten Jahrhundert war es fernsehtaugliche Kulisse vieler CSU-Machtkämpfe, von Franz Josef Strauß bis Edmund Stoiber. Aber das wahre Wesen des Wildbads ist viel mehr: Bereits im 14. Jh. wurde die Heilkraft des Quellwassers festgestellt, das Alte Bad entstand. Das klassizistische Badegebäude mit Festsaal und Wandelhalle ließ König Max I. Joseph errichten und machte es zum Mittelpunkt königlicher und kaiserlicher Gesundheitskuren. Gedenktafeln in der Molkehalle erinnern noch an die illustren Gäste. Heute lebt ihre Königliche

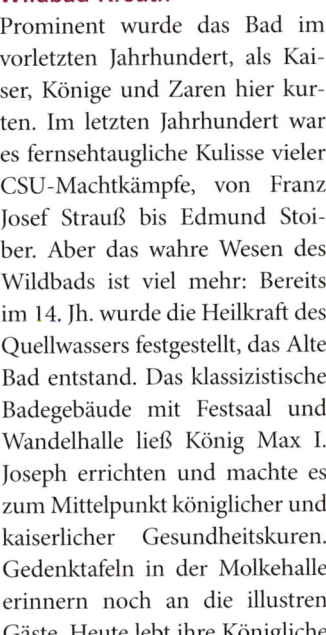

Tradition und Brauchtum
Sankt Leonhard

hat am 6. November seinen Patronatstag und zählt zu den meist verehrten Heiligen des Alpenraumes. Er wird meist mit einer Kette dargestellt. Unter seinem Schutz steht das Vieh, vor allem die Pferde. An „Lehartz" wird die Leonhardifahrt unternommen, das ist eine Prozession zu Pferde und mit Pferdekutschen.

Hoheit Herzogin Helene in Bayern hier und verwaltet das Erbe ihrer Ahnen für die nächsten Generationen. Sie plant derzeit die Renovierung des Gebäudes mit neuer Nutzung. Die Herzogin versteht sich nicht nur als Pflegerin der alten Kulturlandschaft, sie setzt sich auch sehr für die Pflege bayerischer Volksmusik ein. Eine Leidenschaft, die schon ihre Vorfahren mit dem Volk teilten. Eine Bronzetafel an der Frontseite der Kapelle erinnert an den Kiem Pauli, Musikant und Sammler von echter alpenländischer Volksmusik.

Schloss Ringberg

Nicht nur König Ludwig II. war ein visionärer Baumeister der Wittelsbacher. Zu Beginn des 20. Jh. beabsichtigte Herzog Luitpold in Bayern hier den neuen Stammsitz für die Familie zu bauen. Der Münchner Maler Friedrich Attenhuber entwarf alles: Bau, Möbel, Gemälde, alles im feinsten Art déco. Heute nutzt die Max-Planck-Gesellschaft Schloss Ringberg als Tagungszentrum. Es ist Campus für Nobelpreisträger und Alumni. Öffentlich zu besichtigen ist es nur am Tag der Offenen Tür im Sommer und immer mal wieder zum Auftakt des Musikfests.

Schloßstr. 20, Kreuth

Siebenhütten

Entlang der Weißach lässt es sich ganz bequem zu den „Siebenhütten" aufsteigen, auf dem

So nah kommt man Schloss Ringberg selten. Ursprünglich eine leichte Arkadische Villa, wandelte es sich während des Baus zur Burg.

Kein Kuchen ist auch keine Lösung – auf Siebenhütten gibt es gute Kuchen vom Blech und manchmal feine Hoagaschtn.

Weg laden einen immer wieder schöne Ruheplätze und Bankerl zum Rasten ein. Von den sieben Hütten stehen heute leider tatsächlich nur noch drei. Sieben Bauern hielten hier Ziegen und lieferten die Molke für die Trinkkuren und Schönheitsbäder der Gäste im Wildbad. Heute gibt es für hungrige Wanderer zünftige Brotzeit, guten Kuchen, manchmal Hausmusik und hin und wieder Seminare zur Kräuterkunde mit Susanne Heim (s. S. 142).

Almwirtschaft Siebenhütten, geöffnet von Mai bis Oktober, je nach Schneelage
Tel. 08029 9975983
www.siebenhuetten.de

Königsalm

1115 Meter hoch liegt die historische Alm, rund 350 Höhenmeter sind zu überwinden, bis sich oben ein Hochplateau auftut und weite, saftige Almwiesen ausbreiten. Die Königsalm verdankt ihren Namen dem Erbauer König Max I. Joseph, der zu Beginn des 19. Jh. am Fuße des Schildensteins die Alm und das kleine Kavaliershaus errichten ließ.

Ab Parkplatz Klamm dem Forstweg folgen, der Aufstieg dauert etwa 1,5 Stunden.

Kino an der Weißach

Die Tegernseer und das Kino – kaum jemand weiß es, schon früh hat sich ein Tegernseer ei-

Klassik
Musikfest Kreuth

Kammermusik der Spitzenklasse bietet dieses Klassik-Festival seit nunmehr fast dreißig Jahren. Manch Künstler wurde hier als Junger entdeckt und kommt auch als Weltstar noch immer gerne zum Kreuther Musikfest. Der Sommer ist für Virtuosen der Kammermusik eine Art Familientreff, für die Zuhörer ein seelisches Lachsschnittchen. www.musikfest-kreuth.de

nen Namen in der Filmgeschichte gemacht – Oskar Meßter gründete 1917 erst die UFA in Berlin, dann die „Wochenschau" und dann die Bavaria Filmstudios in München. Vater und Sohn Spoerl, die Erfinder der „Feuerzangenbowle", schrieben hier am See ihr Drehbuch; Leo Slezak war nicht nur Opern-, sondern auch Filmstar, als die Bilder laufen lernten. Sein Sohn Walter Slezak drehte mit Alfred Hitchcock. Bis heute gibt es Verbindungen nach Hollywood. Zum Beispiel mit dem Oscar-gekrönten Drama „Das Leben der anderen" von Florian Henckel von Donnersmarck, dessen Fa-

milie bereits seit königlicher Zeit hier wohnt. Markus O. und Markus H. Rosenmüller (na gut, Letzterer kommt aus Hausham), kommen von hier, ihre Filme kennen fast alle, „Gottes mächtige Dienerin", „Wunderkinder" oder „Wer früher stirbt, ist länger tot". Und die Nachfolger sind schon auf der Spur, Jung-Produzent Felix von Poser lieferte gerade den Kinderfilm „König Laurin" aus. Carmen Obermüller, die Chefin des Kinos an der Weißach, tut alles, damit diese Liebe zum Kino weiterhin leidenschaftlich lodert. Das Programm ist kuratiert, mit „Weißachflimmern" gibt es immer einen ausgewählten Film, bei „Oper live" werden Aufführungen aus der New Yorker Met übertragen. Das kleine Kino ist außerdem sehr bequem: In Reihe 6 warten Luxussessel. Tegernseer Str. 100, Rottach-Weißach, Karten-Tel. 08022 26767, www.kino-tegernsee.de

Naturkäserei Tegernseer Land
Die Gründung kann man als eine Art Rebellion gegen die EU-Unvernunft interpretieren. Milch wurde nach Italien zum Abpacken gefahren und in Norddeutschland verkauft.

Unsinn also. Inzwischen ist die Kaserei in Kreuth der Beweis, dass es noch Milchbauern gibt, die natürlich wirtschaften und erfolgreich sein können. Die Kühe bekommen im Frühjahr Gras und im Winter Heu, keine Silage. Im Sommer haben sie ein gemütliches Leben auf den Almen. Ihre Milch schmeckt weicher und doch kräftiger, dank der vielen Kräutlein auf den Wiesen. Die Milch wird jeden Tag in der Kaserei sofort verarbeitet. „Jeden Tag", sagt der Leo Hans, Bauer, Vorstandsvorsitzender und Visionär. „Die Küh' geben schließlich auch am Sonntag Milch." Und so entsteht der Wallberger Kräuterkas, der Riedersteiner Camembert oder der Hirschberger Schnittkas, aber auch Heumilch, Joghurt und Topfen. Täglich geöffnet. Führungen auf Anmeldung möglich.
Reißenbichlweg 1, Kreuth
Tel. 08022 1883520,
www.naturkaeserei.de

Naturschutzgebiet Weißachauen

An der Weißach gibt es ein Refugium für Pflanzen und Tiere. Orchideen- und Enzianarten, Eisvogel und Gänsesäger sind hier in den artenreichen Magerweiden, Mooren und Feuchtwiesen noch zu finden. Hier weiden die Kühe zwischen den Bäumen. Schon früh diente das ehemalige Überschwemmungsgebiet der Weißach als Gemeinschaftsweide fürs Vieh. Die Weißach war ein weitverzweigter Wildfluss, bis sie zu Beginn des 19. Jh. gezähmt und ihre Ufer verbaut wurden, damit sie als Triftkanal Holz über den See brachte. Der Wasser-Erlebnisweg für Kinder „Naturschauspiel Kreuth" zeigt an 20 Stationen die Schätze im und auf dem Wasser.
www.naturschauspiel-kreuth.de

Leonharder, Riedersteiner, Wallberger, Bergkaas … würziger Käse, aus Heumilch gemacht.

✗ Schlemmen und Schlafen

Bachmair Weissach

Dieses Hotel ist die gekonnte Synthese aus Zeitgeist, Stil und Tradition. Es ist der Beweis, dass Bayerisch-Sein etwas Schönes ist, mit Niveau und nicht Humptata. Das Haus ist in Design und Ausstattung modern, und doch lässt sich die vielbeschworene bayerische Gemütlichkeit hier erleben. Traditionelle Stoffe und Materialien, wie Loden, Schilfleinen oder Holz in modernen ästhetischen Formen, sorgen dafür. Und, vor allem, das sehr freundliche Personal kümmert sich perfekt ums Wohlergehen! Das Hotel verfügt über 146 lichtdurchflutete Zimmer, Junior und Grand Suiten sowie die Bachmair Weissach Suite. Diese liegen direkt unterhalb des Ringbergs, bieten traumhaften Ausblick auf die Berge und lassen in die Stille der Landschaft eintauchen. Schwimmbad und exzellenten SPA-Bereich gibt es

Bachmair Weissach: Internationaler Flair mit japanischem Design und Tegernseer Stoffen.

selbstverständlich auch. Andere Extras wie Yogamatte und Yoga-TV-Kanal warten im Zimmer, zur Teatime gibt's gemütliche Brotzeit und ein DJ sorgt für Musik zum Wochenende oder es gibt illustre Jazz-Abende. Der Gasthof zur Weissach besteht aus fünf urigen Stuben, darunter die Kreuther Fondue Stube mit Kaminbar und die neu gestaltete japanische MIZU Sushi Bar.

Die Bachmair Weissach Arena eignet sich auch für Großveranstaltungen. Bei schlechtem Ferienwetter wartet auf Kids hier eine Riesen-Krokodil-Hüpfburg.

Ab 195 Euro, Wiesseer Str. 1, Weißach, Tel. 08022 2780, www.bachmair-weissach.com

Edler Fisch in edlem Ambiente: die MIZU Sushi Bar.

Berghotel Altes Wallberghaus

Seit Sommer 2017 gehört dieses Haus zum Hotel Bachmair Weissach dazu. Das Berghotel thront auf 1512 Metern Höhe, am Sattel zwischen Wallberg und Setzberg, den beiden Tegernseer Hausbergen. Von der sonnigen Terrasse kann der Blick nach Süden schweifen, über den Röthensteinkessel hinüber zu Risserkogel und Blankenstein, oder weiter östlich hinüber zu den Gipfeln von Leonhardistein, Hirschberg und Ringberg. Ganz zauberhaft ist's, wenn sich dann der Tag neigt, wenn das Licht die Berge blau färbt und langsam der Klang der Stille einzieht.

Ab Sommer 2017 gibt es die Möglichkeit, auf dieser Höhe zu übernachten. Statt schlichtem Matratzenlager warten alte Alkofen-Bauernbetten auf ihre Übernachtungsgäste. Buchbar ist dieses Bergerlebnis nur mit Halbpension: Gekocht wird ein Drei-Gänge-Menü, das um 19 Uhr aufgetischt wird. Eine Kuhglocke bimmelt zu Tisch.

Adresse wie Bachmair Weissach

Holz mit Style statt Landhausstil – die Ferienwohnung Garhammer in Kreuth Glashütte.

Ferienwohnung Garhammer

Dunkle Holzbalken, weiße Wände und Backsteinwände – ein spezielles Flair. Besonderer Hingucker ist die freitragende Treppe, die von der großzügigen Wohnküche nach oben zu den zwei Schlafräumen unterm Giebel führt. Die Weißach rauscht direkt am Haus vorbei.

Ab 95 €, Glashütte 29, Kreuth
Tel. 08029 998920, www.
ferienwohnung-garhammer.de

Gästehaus Winkler

Im Urlaub und doch daheim ist das Motto bei Judith Winkler. Schon ihre Großeltern empfingen Sommerfrischler in ihrem Haus. Die Tradition der echten Gastlichkeit wird im Haus gelebt und der persönliche Kontakt zu den Gästen gepflegt. An Sonn- und Feiertagen backt die Hausherrin gerne Kuchen für ihre Gäste.

Weißachaustr. 5, Kreuth
Tel. 08029 229,
www.winkler-kreuth.de

Batznhäusl

Das „Batznhäusl" mitten im Ort von Kreuth ist Ausgangspunkt oder Ziel vieler Ausflüge. Ob Pferdekutschenfahrt oder Wanderungen, für Sommerfrischler ist es seit seiner Gründung im Jahr 1911 ein Dreh- und Angelpunkt in den Routenplanungen. Der Name weist auf die alte Handelsroute über den Achenpass hin. Der Batzn war eine Münze, der vier Kreuzern oder 16 Pfennigen entsprach. Man konnte dafür eine Maß Bier oder vier Stamperl Schnaps kaufen. Heute gibt es für Euros deftige regionale Küche für Gäste und einen unterhaltsamen Stammtisch für Einheimische. Die Gästezimmer sind frisch renoviert, im bayerisch-alpinen Stil eingerichtet und haben alle eine kleine Küchenzeile.

EZ ab 65 €, DZ ab 90 €, Mühlauerweg 1, Kreuth Tel. 08029 997 39 40 www.gasthof-batznhaeusl-kreuth.de

Haus Göttfried

Hier gibt es Café, Restaurant und Pension in einem. Seit Generationen geführt von Familie Göttfried, und das mit Leib und Seele. Im Restaurant wird von knuspriger Schweinshaxe über frischen Fisch aus Kreuth bis hin zu herzhaftem Wild aus den heimischen Bergen überwiegend bayerische Küche serviert. Zum Kaffee gibt es eine große Auswahl selbst gemachter Ku-

chen. Die Zimmer in der Pension sind geräumig und gemütlich ausgestattet mit viel Holz. Vom Haus aus blickt man direkt auf den Leonhardstein, den Kreuther Hausberg.

EZ ab 40 €, DZ ab 66 €, Südliche Hauptstr. 2, Kreuth Tel. 08029 293

Sonstiges
Campingplatz Wallberg

Am Fuße des Ringbergs unweit des Sees liegt der einzige Campingplatz des Tegernseer Tals. Er ist Sommer wie Winter geöffnet, hat einen Selbstbedienungsladen, die kleine Gaststätte Rainerstüberl und einen Kinderspielplatz auf dem Gelände.

Ab 6,90 €, Rainerweg 10, Weißach, Tel. 08022 5371, www.campingplatz-wallberg.de

Kiem-Pauli-Jugendherberge in Kreuth-Scharling

Die einzige Jugendherberge des Tals steht auch in Kreuth. Jung renoviert, sehr gut ausgestattet mit Lounge und Tagungsraum – und mit einer gemütlichen Stube, in der man vor einem großen Kachelofen entspannen kann.

Ab 22,50 €, Nördliche Hauptstr. 91, Kreuth, Tel. 08029 99560, www.kreuth.jugendherberge.de

♥ Genuss und Shoppen

Altes Bad

Vom Badehaus zum Gasthaus. Das schöne große Gasthaus steht hier schon seit dem 17. Jh. Es hat ursprünglich die Kurgäste des Wildbads beherbergt, die im heilenden Wasser der Quelle Linderung suchten. Im zünftigen Wirtshaus ist Katrin Engelmann eine mitreißende Gastgeberin mit Herz, Kopf und viel Charme. Sie kennt sich mit den Fischen aus der Herzoglichen Fischzucht bestens aus, aber auch mit Wild. Engelmann ist passionierte Jägerin. Die Speisekarte kündet von einer ehrlichen, traditionellen und sauguten Küche.

Wildbad Kreuth 2, Kreuth
Tel. 08029 304, www.altesbad.de

Fischzucht

Die Herzogliche Fischzucht ist quasi Delikatesse unter den Delikatessenherstellern. Saibling, Bachforelle, Lachsforelle, Regenbogenforelle – die besten Fische werden hier frisch aufbereitet und geräuchert. Nur wenige Tische und ein kleines Hütterl stehen für Besucher bereit.

Wildbad Kreuth 1, Kreuth
Tel. 08029 997460
www.fischerei-kreuth.de

Altes Bad und Kapelle: Schon 1511 wurde das erste Badehaus gebaut – Grundstein der Wellness-Kuren im Tegernseer Tal.

Dirndlschneiderei Sanktjohanser

Andrea Sanktjohansers Dirndl-schneiderei an der Kreuther Hauptstraße sollte besuchen, wer verstehen mag, was ein echtes Dirndlgwand ausmacht. Wahrscheinlich ist diese „Nah-terin" bayernweit die netteste Person, die einer „überdrahten Staderin", also einer überkand-idelten Städterin, freundlich aber bestimmt erklären kann, dass nicht alles Tracht ist, was ir-gendwie ein Dekolletee und eine Schürze hat.

Nördliche Hauptstr. 8, Kreuth
Tel. 08029 1405

Käsealm Kreuth

Käse und Kosmetik – nicht nur Kuh-, auch Schafs- und Ziegen-milch liefern heimische Bau-ern zur Käsealm. Hergestellt wird der Käse im traditionellen Handwerksverfahren. Wer wis-sen will, wie das geht, der schaut beim Schaukäsen zu. Aus der Molke werden auch Kosmetik-produkte gemacht. Sie hat eine beruhigende und reizlindernde Wirkung, das Ringelblume-Jojo-baöl stärkt die Haut.

Nördliche Hauptstr. 6, Kreuth
Tel. 08029 1353,
www.kaesealm-kreuth.de

Geräucherter Fisch aus der Herzoglichen Fischzucht.

Schlitten

Das sind nicht einfach nur Schlit-ten. Den perfekten Rennrodel gibt es bei Marcus Grausam, der selbst zehnfacher Deutscher Meister und Weltcupsieger im Naturrennrodeln ist. Als gelern-ter Schreiner hat er sich all sei-

Tradition und Brauchtum
Kiem Pauli-Gedenktafel

An der Frontseite der Kapelle erinnert eine Tafel an den Volksmu-sikanten Kiem Pauli. Er sammelte im Auftrag des Herzogs Alpenländi-sche Volksmusik und Lieder. Diese Liedersammlungen sind einzigartig, begründen bis heute den Reichtum an echter bayerischer Volksmusik. Diese ist übrigens weit entfernt von irgendwelcher Fernsehstadelmusik.

137

Die Schwaigeralm für Krimileser

Um echte Kriminalität geht es in Sepp Reschs Buch „Gefahr ist mein Beruf". Er ist auf der Schwaigeralm aufgewachsen. Die einen nennen ihn Wirtschaftsfahnder, die anderen Kopfgeldjäger. Er ist seit 35 Jahren als Ermittler im Geschäft und war u. a. an der Aufklärung der Entführungen von Richard Oetker und Jan Philipp Reemtsma beteiligt.

ne Rodel selbst gebaut und weiß genau, worauf es ankommt. Die Bäume für seine Gefährte sucht er im Wald selbst aus, und auch alle anderen Herstellungsschritte macht er in seiner Werkstatt. In seinem Verkaufsraum zeigt er fertige Modelle, gibt Profitipps oder passt die Rodel individuell an. Verkauf auch im Internet.
Mo–Sa 10–20 Uhr geöffnet, aber unbedingt vorher anrufen und anmelden; In der Haslpoint 11, Kreuth, Tel. 08022 662666, www.gl-rodel.de

Nachmanns Grüne Welt
Etwas fürs Auge! Hortensien, Rosen, Geranien – bei dem alteingesessenen Familienbetrieb kann man sich ein Stück Kreuth nach Hause holen. Tolle Deko und Gestecke gibt es auch.
Brunnbichl 17, Kreuth
Tel. 08029 709,
www.gruene-welt.eu

Schwaigeralm
Die Einheimischen rufen den Wirt mit Spitznamen Waki. Bei ihm kann man einfach gut essen. Innen ist alles gemütlich mit viel Holz, draußen gibt es einen schönen Biergarten mit Bergkulisse. Spezialitäten des Hauses sind die Grillente mit Apfelblaukraut und die Kalbshaxen.
Täglich 10–22 Uhr, Mi Ruhetag außer an Feiertagen, Raineralmweg 85, Kreuth, Tel. 08029 272, www.schwaigeralm.de

In der urig-bayerischen Schwaigeralm arbeitet ein Kölscher Köbes im Service.

Ferien mit Hund

Gassi gehen ohne Stress

Grundsätzlich sind Hunde in allen Talgemeinden willkommen. Über die allgemeinen gesetzlichen Bestimmungen hinaus, z. B. dass Kampfhunde immer angeleint und gesichert sein müssen, hat jede Gemeinde ihre eigene Verordnung. Gemeinhin gilt: Große Hunde sind in allen öffentlichen Anlagen, auf öffentlichen Wegen, Straßen und Plätzen im gesamten Gemeindegebiet mit einer reißfesten, maximal 1,20 m langen Leine zu führen. Es empfiehlt sich, nicht zu salopp damit umzugehen! Verstöße können mit einer Geldbuße bis zu 2500 Euro geahndet werden.

Schutz der Wildtiere

In bestimmten Zeiten dürften Jäger den Vierbeiner auch abschießen, wenn er sich im Wald ohne Leine herumtreibt. Hunde scheuchen Wildtiere auf. Darum sind auch auf normalen Wanderwegen Brut- und Setzzeiten zu beachten: Vom 1. April bis 15. Juli brauchen Waldschnepfe, Graugans, Stockente, Feldhase oder Rehwild Zeit für ihren Nachwuchs. Von Mai bis September sind folgende Wege tabu für Hunde, weil der Mensch sich sonst gestört fühlt: am Schorn in Rottach-Egern, am Strandbad in Gmund-Seeglas, in Bad Wiessee auf der Seepromenade sowie auf der Point in Tegernsee.

Badespaß für Hunde

In Bad Wiessee können Hunde nahe dem Badestrand Hubertus schwimmen, schön gelegen zwischen Abwinkel und Medical Park. In Rottach-Egern ist ein Abschnitt neben der Popperwiese für Hunde reserviert. Nicht weit davon entfernt liegt das Kieswerk in der Ringseekurve, auch hier dürfen Hunde nach Herzenslust baden. An der Gmunder Seepromenade unterhalb des Volksfestplatzes kurz vor der Holzbrücke über die Mangfall lässt es sich wunderbar ins Wasser gehen.

Hundesitter
Hundesitter-Oberland
Paul-Deuringer-Weg 6,
Waakirchen-Marienstein
Tel. 01578 6099118,
www.Hundesitter-Oberland.de
oder auf dem Portal
www.betreut.de/hundesitter

Im Notfall
Tierarztpraxis Dr. Meixner
Tölzerstr. 108, Gmund
Tel. 08022 96370,
www.tierarzt-am-tegernsee.de

Schwarzentennalm

Schwierigkeit: mittel – Länge: 8 km – 200 Höhenmeter – Gehzeit: ca. 1,5 Stunden – Einkehr: Berggasthof Schwarzentennalm

Highlights:

Schwarzenbachtal – schön gelegene Almhütte in einem langen Hochtal südlich des Hirschbergs. Weitgehend vor Sonne und Wind geschützter Weg im Wald. Höher gelegene Wiesen sind im Frühsommer prächtig bunt.

Start der Tour ist der Parkplatz Klamm in Kreuth. Es führen zwei Wege zur Schwarzentennalm. Nach einigen Minuten kann man entweder links über die Brücke auf einfachem Steig oder auf dem Forstweg weitergehen. Beide Wege dauern ungefähr gleich lang. Die breite Forststraße ist mit einem geländegängigen Kinderwagen gut zu befahren. Der andere Weg führt entlang des Schwarzenbachs und ist wohl der schönere, aber auch etwas holprigere Wanderweg. Der Aufstieg führt am Bachlauf entlang über mehrere kleine Brücken. Man passiert einen kleinen Wasserfall und trifft wenig später auf die Fahrstraße, welche nach links zur Buchsteinhütte führt. Hier rechts halten, in etwa 15 Minuten hat man die Schwarzentennalm erreicht. Im Sommer wird das Almgebiet von Jungrindern und Kühen bevölkert, die von den Almleuten auf den umliegenden Hütten versorgt werden. Im Winter ist die Schwarzentennalm ebenso gut zu erreichen. Ganzjährig wird man dort mit typisch bayerischen Gerichten verwöhnt und mit fantastischen selbst gebackenen Kuchen (im Sommer Do Ruhetag, im Winter Mi und Do Ruhetag, Tel. 08029 386).

Tipp: Wer über eine gute Kondition verfügt, geht weiter zur Buchsteinhütte. Der Weg dorthin dauert ca. 45 Minuten länger, wird ab dem Abzweig Schwarzentenn steiler, ist aber gut zu gehen und gut ausgeschildert. Die Aussicht wird außerdem immer schöner. Die Hütte liegt direkt unterhalb vom Roß- und Buchstein und ist ganzjährig bewirtschaftet.

Litschis Bergwelt

Elisabeth Liedschreiber, genannt „Litschi", hat noch eine Menge anderer Wandertipps parat. Kinderevents, Firmenveranstaltungen oder Geocaching hat sie ebenfalls im Angebot. www.litschis-bergwelt.de

Blumenkunde mit Susanne Heim

Von der Heilkraft der Kräuter

Das Tegernseer Tal ist eine Schatztruhe für seltene Kräuter, Pflanzen und Blumen. Freilich gilt es auch – und gerade hier – die Natur zu schützen, denn wir haben sie noch, die seltenen Blumen und Kräuter, die dieses Tal auch zur Apotheke machen.

Besondere Naturschätze blühen in den Weißachauen, oben auf der Sutten oder hinten im Alpbachtal. Seltene Orchideen- und Enzianarten wachsen hier. Oben auf den Bergen bieten die Fichten und Tannen ihre heilsamen Harze. Draußen bei Waakirchen ziehen sich die „Filzen". Diese Auen- und Heckenlandschaft reicht von Marienstein bis hinüber nach Gaißach im Isartal. Im Sommer wachsen hier seltene Sumpfblumen, im Herbst färbt sich das Moor golden braun. Und überall gibt es sie, die Kräuter der traditionellen Medizin.

Einige Pflanzennamen blieben vielleicht noch irgendwie im Ohr. Aber ob man diese erkennen kann, während man so spazieren geht? Und weiß man noch, wofür welches Kraut gewachsen ist? Dost, der wilde Majoran, hilft bei Verdauungsproblemen, Walderdbeere bei Schleimhautentzündungen, Frauenmantel ist die Basis für Arzneien von allerlei Frauenbeschwerden, Huflattich wirkt bei Husten, Mädesüß bei Kopf- und Gliederschmerzen, Arnika gegen Verstauchungen.

Heilkräuter zu erkennen und zu sammeln verlangt einige Kenntnis. Vor allem das Wissen vom rechten Zeitpunkt, denn das Wann ist beim Pflücken von großer Bedeutung. Es ist nötig, achtsam zu arbeiten. Eine Pflanze nur abzubrechen, verletzt ihren Stiel und führt zu Schimmelbefall, durch den sie abstirbt. Also am besten ein kleines Messer mitführen, um die Pflanze abzuschneiden. Und, man muss sich über die große Kraft kleiner Mengen bewusst sein. Es reicht ein Fläschchen Tinktur herzustellen. Sollte man eimerweise Heilkräuter brauchen, dann wäre es vielleicht doch ratsam, sich der modernen Medizin und ihrer Effizienz anzuvertrauen. Heilkräuter gehören in ein achtsames Weltbild.

Eigens ausgebildete Kräuterpädagogen führen durch die Natur des Tegernseer Tals. Eine Schatztruhe an Wissen hat die Heilpraktikerin Susanne Heim in ihrem Buch zusammengetragen. Sie gibt in Siebenhütten auch Kurse zur Herstellung der Kräutermedizin.

Mehr im Buch und unter
tegernseer-kräuterapotheke.de

DER TEGERNSEE UND …
seine Wildtiere

Rehe, Hirsche, Gämsen, Birk- und Haselhühner, Auerwild und Waldschnepfen, Wölfe oder Steinadler hausen in den Bergwäldern. Noch haben die wilden Tegernseer hier ein Zuhause. Kaum ein anderer Landstrich in Mitteleuropa weist eine so hohe Artenvielfalt auf wie die Bergregionen mit ihrem Wechsel aus Almflächen, lichten Bergwäldern, Talauen und Weiden. Menschen haben diese Idylle geschaffen, und gemeinsam mit den Wildtieren profitieren sie von dieser einmaligen Natur-Kooperation.

Rinder und Schafe grasen im Sommer in den steilen Wäldern, die im Winter zum Überlebensraum der Gämsen werden. Auf den Almweiden röhren und kämpfen im Herbst, wenn das Vieh wieder zu Tal getrieben wurde, die Hirsche um die Gunst der weiblichen Tiere. Und an den Waldrändern knabbern Rehe an Blättern, während die Auerhenne ihre Jungen entlang der Forstwege führt, auf der Suche nach Insekten, Spinnen und anderem Kleingetier, das die Küken brauchen, bevor sie sich mit der vegetarischen Kost ihrer Eltern begnügen.

Das sollte wissen, wer sich als Freizeittourist durch die Wälder schlägt. Denn überall dort, wo der Mensch seine Ruhe sucht, stört er das Tier auf, das seine Ruhe braucht. Es gibt dann Menschen, die per Rechtsanwalt gegen Wildtier-Schutzstände vorgehen (kein Witz!). Wildtiere können sich aber vor Gericht schlecht verteidigen. Da fehlt ihnen bislang ein Anwalt, denn im Freistaat gilt die Regel „Wald vor Wild". So wird der Wald mehr und mehr zum „Holz-Acker", werden Bäume an Hängen gepflanzt, die gar keine Bepflanzung akzeptieren. Es sind inzwischen weniger die wilden Jäger als die staatlichen Förster, die zum Schutz des Waldes das Wild abschießen; in solcher Zahl, dass selbst die Jägersleut inzwischen protestieren. Die Gämsen sind dadurch in große Not geraten, ihre Population ist stark zurückgegangen. Im Tegernseer Tal hat

Reh mit Kitz (o. l.) und Hirsch mit Flaum auf den jungen Geweihstangen (o. r.)

sich eine Wildtierlobby „Wildes Bayern e. V." zusammengeschlossen. Denn nicht nur das Krokodil im Nil oder die Giraffe in Afrika brauchen Schutz, sondern auch die Lebewesen hier in den Tegernseer Wäldern.

Begleitete Touren oder Führungen
Leichte Natur-pur-Tour mit Wildbiologin Christine Miller
Ob Wolf, ob Bär – die sanften Berge zwischen Tegernsee und Inntal, zwischen Thiersee und Isar, ziehen immer wieder große Beutegreifer an. Der Medienhype um Bär Bruno ist noch gut in Erinnerung. Christine Miller wandert auf den Spuren von heimlichen und bekannten Wildtieren, erklärt, welche Chancen Raubtiere und Großwild in unseren Alpen haben

und wie der Mensch mit ihnen auskommen kann. Die Tour führt von Alm zu Alm, über Bodenschneid und Suttengebiet.

Unterwegs zum König der Lüfte – Wanderungen in die Reviere der Steinadler
Mit der nötigen Portion Glück und bei gutem Wetter besteht eine gute Chance, Steinadler in ihren angestammten Lebensräumen zu beobachten. Die Kreissparkasse Miesbach-Tegernsee sorgt für die selten gewordenen Wildvögel mit einem Steinadler-Projekt. Von Mai bis Oktober kann man von Bad Wiessee aus ins Söllbachtal oder bei Rottach-Egern auf den Wallberg starten. Geführt werden die Erlebniswanderungen von speziell ausgebildeten Experten. Da die

Ein Rudel Gamsen – diese wilden Tegernseer sind rar geworden.

Adler recht menschenscheu sind und nicht gestört werden sollen, finden die Führungen ausnahmslos auf Wanderwegen statt.
Info: www.wildes-bayern.de, www.steinadler-info.de oder www.tegernseer-heimatfuehrer.de

Rund um Jagd und Wild
Goldschmiede Bertele
Bertele in Tegernsee hat sich für jagerischen Schmuck einen Namen gemacht. Aus Jagdtrophäen und Grandel werden hier Preziosen gefasst. 130 Jahre Erfahrung im Bereich Trophäenschmuck stehen in dem Familienbetrieb bereit. Auch alter Jagdschmuck wird hier wieder hergerichtet.
Hauptstr. 11, Tegernsee
Tel. 08022 4497,
www.bertele-schmuck.de

Wildspezialitäten direkt vom Jäger – Wallberg Wild
Jagd ist kein Hobby, sondern ein Auftrag. Die Verantwortung endet nicht nach dem Schuss. Wildfleisch ist ein hochwertiges, gesundes Lebensmittel, frei von Medikamenten und Maststoffen. So sieht es Michael Herrmann und bietet den Verbrauchern gesundes Wild. Ob Braten, Steak oder Wurst, Wildbret von Reh, Hirsch, Gams, Hase aus dem Tegernseer Tal sowie Wildschwein und Fasan werden hier küchenfertig angeboten. Allerdings nur, wie es saisonal verfügbar ist und den Jagdregeln entspricht. Nur telefonische Bestellung, kein Laden.
Michael Herrmann,
Tel. 0176 83034134,
www.wallberg-wild.de

Das Kutschenmuseum in Rottach-Egern.

Gastronomen mit Wildbret aus eigenem Revier:

Almgasthaus Café Aibl

Bayerisch-tirolerische Küche im rustikalen Almhof hoch über Kreuth. Die Wild-Schlutzkrapfen mit original Tegernseer Bierkäs sind ebenso zu empfehlen wie das Ragout vom heimischen Wild auf Breznknödl.

Aibl-Alm 1, Im Egerl, Kreuth
Tel. 08029 437, www.aibl.de

Maier zum Kirschner

Das Hotel „Maier zum Kirschner" ist seit sechs Generationen in Familienbesitz und bietet seinen Gästen tolle Urlaubserlebnisse. Besonders macht dieses Haus die Verbindung zu Natur und Jagd. Auf Wunsch werden Pirschgänge zur Wildbeobachtung angeboten, Jagdgänge vermittelt, auch Kutschfahrten in die einmalige Natur des Tegernseer Tals sowie Wild-Kochkurse.

Ab 120 €, Seestr. 23, Rottach-Egern, Tel. 08022 67110,
www.hotel-maier-kirschner.de

Eine Wilderer-Geschichte – der Lampl-Sprung

Der Wildschütz Lampl von Reichersbeuern war auf der Gamspirsch im Weißachtal am Leonhardstein. Als er gestellt wurde, soll er Rucksack und Gewehr einen Steilhang hinuntergeworfen haben und nachgesprungen sein. Die Äste einer Fichte dämmten den Sturz, er blieb unverletzt. „Bluat von der Gams" soll er den Verfolgern zugerufen haben und entkam. Er erreichte ein gesegnetes Alter, sein Grab liegt am Gmunder Kirchfriedhof.

Anschauen

Im Kutschenmuseum in Rottach-Egern ist eine einmalige Sammlung zu besichtigen: Thomas Esterl hat 16 Jahre lang von einem Hirsch alle Geweihstangen, die dieser abwarf, gefunden und auf einer Platte zusammengestellt.

Feldstr. 16, Rottach-Egern
Tel. 08022 704438,
www.gäuwagerl.de

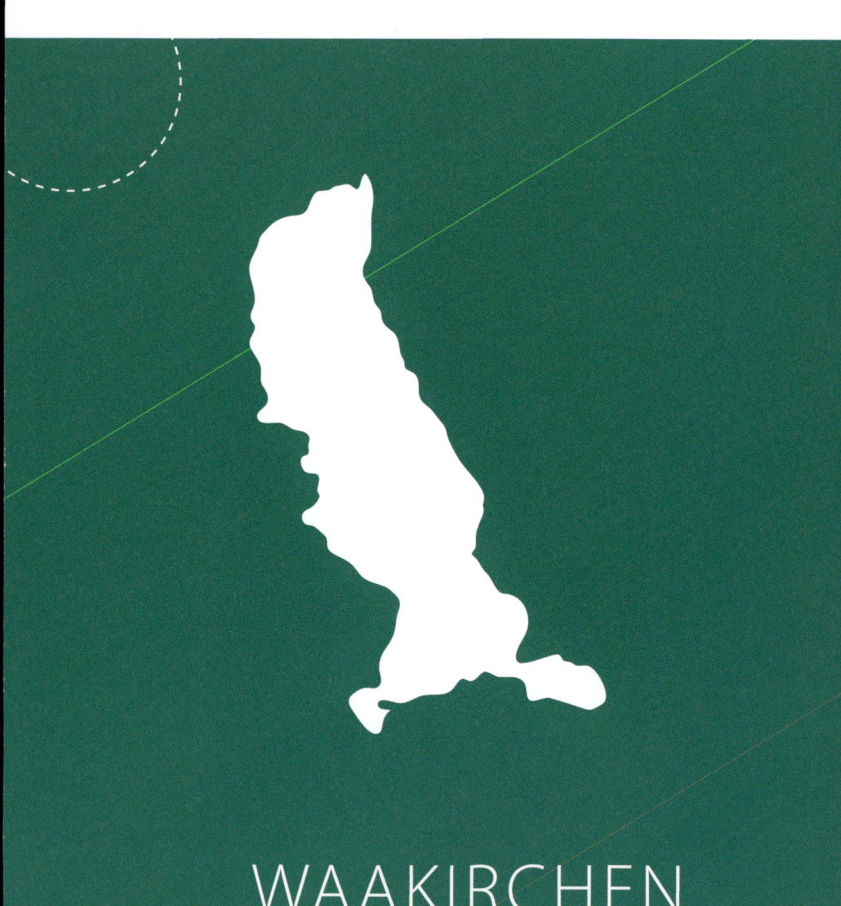

WAAKIRCHEN

Die Gebirgsschützen –
Heimatliebe und Freiheitswille

Sie machen schon was her, die Gebirgsschützen. Man kennt sie vom Fernsehen, wenn der Oktoberfesteinzug gezeigt wird oder über einen Besuch bei Papst Benedikt XVI. berichtet wurde. Fesch sind sie und auf die Füße stellen können sie auch einiges. Die Gebirgsschützen-Kompanie Waakirchen hat gerade das Alpenregionstreffen ausgerichtet. 8000 Gäste aus dem gesamten Alpenraum kamen nach Waakirchen. Das sind ein Drittel mehr Gäste, als die ganze Gemeinde Einwohner zählt. Zu den Waakirchner Gebirgsschützen gehören 390 Schützen und zehn fesche Marketenderinnen. Es ist eine recht aktive Kompanie. Gebirgsschützen gibt es natürlich nicht nur in Waakirchen. 47 Kompanien gibt es in Bayern entlang der Alpenkette zwischen Garmisch-Partenkirchen und Bad Reichenhall. Sie sind heute als Vereine organisiert, waren früher Bauern- und Bürgerwehren zum Schutz der Heimat. Wo noch vor 100 Jahren Frontlinien nach Tirol oder Südtirol verliefen, bestehen heute im Alpenraum intensive Freundschaften über nationale Grenzen hinweg. Wer sie nur noch als dekorative Mannen mit Geranien am Hut versteht, hat gründlich etwas missverstanden. Denn die Liebe zum Land der Bayern ist ihnen geblieben. Und auch ein großer Freiheitswille. Der äußert sich im gehörigen Grantln, wenn mal etwas nicht passt. Zu den Waffen greifen die Männer nicht mehr. Für christliche Werte und Glauben mit Haltung einstehen, das sehen sie heute als ihre Aufgabe.

Hauptmann Martin Beilhack und sein Stellvertreter Alfred Finger rücken mit der Hauptmannschaft viele Male im Jahr zu Ehrenbezeugungen aus.

Zither-Manä –
Rebell der Saiten

Rock 'n' Roll auf der Zither – echt bayerisch. Seit fast 40 Jahren steht der Zither-Manä auf der Bühne, Chuck Berry und der Kraudn Sepp sind seine Vorbilder. Über ihn konnte man sich aufregen, denn er frevelte quasi wohlwissend auf diesem traditionellen Instrument. Hatte nicht der königliche Zither-Maxl, unser Herzog Max in Bayern, diese Musik des Volkes geadelt?! Der Manä bereitete mit seinem Tun den Weg für das, was heute selbstverständliche Fusion-Cross-over-Biermösl-Alpine-Ethno-La Brass Banda-Kofelgschroa-Volksmusik ist. Und, ja, das muss mal gesagt werden, das war nur von Waakirchen aus möglich! Denn hier ist das Leben noch „echt Land". Die drinnen in der Stadt wollten mulitkulti-modern werden, die im Tal mussten mehr auf ihr Puppen-Bayern-Image achten, damit die Touristen sich erfreuen. „Hier kennen sich die Leut", sagt der Manä, „hier wird Bairisch gredt. Wenn man an Diskurs hat, wird's ausgredt und dann is a Ruah." Da herausd in Waakirch leben viele ehemalige Stadterer, also Münchner, die, von den großen Mieten aus der Stadt oder dem Tegernseer Zweitwohnsitzmarkt verjagt, eine gute Verwurzelung fanden und ein ganz eigenes Biotop begründeten. Die Kleinkunstbühne Waakirchen ist da z. B. ein typisches Gewächs. Höchst sensationelle Musik-Sessions gibt es dort zu hören, oft lange, bevor sich die Musiker auf dem Markt etablieren. Der Zither-Manä spielt dort weiterhin regelmäßig. Nicht mehr nur Rock 'n' Roll – auch Klassik und Jazz. Aber immer in Bairisch.

Der Zither-Manä heißt eigentlich Manfred Zick. Im normalen Leben war er Berufsschullehrer für Mathematik und EDV. Er hält unter anderem die „Goldene Zither" und ist Preisträger der Münchner Turmschreiber mit dem „Bayerischen Poetentaler".

Waakirchen
Gebirgsschützen und Landleben

In Waakirchen ist der Bayerische Löwe daheim. Das „Oberländerdenkmal" steht seit dem Jahr 1905 und hat sich zum Mittelpunkt der Gemeinde entwickelt. Diese besteht aus vielen eigenständigen und – durchaus auch eigenwilligen – Orten. Frecherweise könnte man vergleichen: Was dem Kölner sein Düsseldorfer, ist dem Waakirchner sein Schaftlacher. Das Wetter ist hier etwas rauer, kälter und trockener als im Tegernseer Tal.

◉ Anschauen

Hier gibt es das noch: Kirche, Bauern, Stammtisch. Im Christlwirt findet sich am Donnerstag ein veritabler Stammtisch ein. Sonst ist es in Waakirchen wie in vielen Orten: wenig Dorfmitte, viel Verkehr. Immerhin führt eine der Hauptstrecken von München ins Tegernseer Tal

Der Löwe von Waakirchen – Symbol für Einigkeit und das Einstehen für bayerische Identität.

durch die Gemeinde. Für Urlauber kommt die Weitläufigkeit Waakirchens genau da als Stärke ins Spiel. Entlegene Höfe bieten Ruhe und Beschaulichkeit, man kann stundenlang durch Wälder und Felder spazieren. Ein Luxushotel und ein Golf-Ressort haben sich auf dem alten Kraftplatz niedergelassen und sorgen für die Gesundheit der Gestressten.

St. Martin

Schriftliche Nachweise sind an Tegernseer Klosteraufzeichnungen gebunden. Die Kirche St. Martin wird 1163 durch Kaiser Friedrich I. Barbarossa dem Kloster Tegernsee erneut bestätigt. Es muss also bereits zuvor eine Kirche gegeben haben. St. Martin stammt vom Beginn des 18. Jh., der Vorgängerbau war 1737 abgebrannt. Es ist eine typische Landkirche dieser Zeit.
Glückaufstr. 7, Waakirchen

Löwendenkmal

Alle Jahre wieder kommen an Heiligabend Politiker, Gebirgsschützen und Bayerns Ministerpräsident nach Waakirchen, um der Gefallenen der „Sendlinger Mordweihnacht" zu gedenken. 1705 zogen die Oberländer gen München unter dem Motto „Lieber bayerisch sterben, als kaiserlich verderben". Es war gewissermaßen der erste Volksaufstand Europas, scheiterte aber bitter. Unzählige Tote waren zu beklagen. Allerdings entstand danach ein erstes bayerisches Parlament; Bürger und Bauern schlossen sich in Gemeinden zusammen. Der Löwe, aus Kostengründen aus Kupfer getrieben, schaut bis heute grimmig Richtung Sendling.
St2365, Waakirchen

Chrysamgütl

Eine Tafel erinnert an diesem Haus an Schmied Balthes, den

Tradition und Brauchtum
Barbara, Bergmänner und Zweige

Am 4. Dezember ist Barbaratag. Die Heilige gehört zu den 14 Nothelfern, unter ihrem Patronat stehen die Bergleute. Darum wird z. B. in Marienstein auch heute noch ein Festgottesdienst mit Knappenkapellen und Gebirgsschützen gehalten. Traditionell werden am Barbaratag Zweige von Apfel- oder Kirschbäumen abgeschnitten und ins Wasser gestellt; blühen sie am Weihnachtsfest, dann wird das als gutes Zeichen für die Zukunft gewertet.

155

Marketenderinnen der Gebirgsschützen: Nicht nur die Waakirchner, auch die Tegernseer Kompanien haben fesche junge Madln in ihren Reihen.

„Schmied von Kochel". Er ist so etwas wie der Wilhelm Tell oder der Andreas Hofer der Bayern – ein Freiheitskämpfer und Symbol für bayerische Identität. Ob es ihn wirklich gegeben hat, darüber streiten Historiker. Wenn es ihn gegeben hat, wurde er in diesem Haus geboren.
Schaftlacher Str. 3, Waakirchen

Marienstein

Marienstein ist ein kleines Bergdorf, in dem die Welt endet. Nur Wanderer können über den Bergkamm Richtung Isartal und Lenggries weiter. Zwerge, Trolle und Waldschrate muss es hier noch geben, selbst wenn man sie nicht sieht. Das kleine Tal mit Bergwerk war einmal der Kohlenpott der Gemeinde. Von 1904 bis 1962 wurden rund vier Millionen Tonnen Pechkohle gefördert. Marienstein gehört zum voralpinen Kohlegürtel, der sich von Peiting bei Weilheim bis nach Rosenheim hinunterzieht. Die Kohle bei Marienstein ist mit 28 Millionen Jahren die älteste, die anderen Kohlevorkommen Oberbayerns sind etwa fünf Millionen Jahre jünger. Das Schwarze Gold war das Rückgrat der Industrialisierung Bayerns. In Marienstein erinnern noch ein Denkmal, die Bergmannskapelle aus dem Jahre 1887 und die Marienkirche an die Bergwerkszeit. Sie ist heute ein begehrtes Hochzeitskircherl. Der Bürgermeister macht's möglich, dass Paare standesamtlich im Gut Margarethenhof verheiratet werden (s. S. 159) und daran gleich die kirchliche Trauung anschließen können.

Schaftlach und Heilig Kreuz

1015 findet „Scaftloh" die erste schriftliche Erwähnung. Berühmt ist der Ort für seine Heilig Kreuz Kirche und sein Ottonisches Kreuz, eines der ältesten erhaltenen Monumentalkruzifixe der Welt. Moderne Analysemethoden datieren es um 950, damit steht Schaftlachs Schatz auf einer Stufe mit dem berühmten Gerokreuz im Kölner Dom. Die Kirche selbst ist ein nahezu unveränderter Bau der Gotik. Ein Brand 1735 zerstörte das Kirchdach, beim Wiederaufbau bekam der Bau einen barocken Zwiebelturm.

Kleinkunstbühne Waakirchen

Der siebte Tag, ein Erschöpfungsbericht mit Sigi Zimmerschied, Bairisches Musikkabarett mit den Wellbappn, der Zither-

Manä und Rudi Zapf, Luz amoi oder Gitanes Blondes – zwischen München und Tegernseer Tal ist die Kleinkunstbühne eine große Adresse für Kabarett und Musik mit bayerischen Größen oder frischen Entdeckungen. Programm auf der Website, Veranstaltungen in der Aula der Volksschule Waakirchen.
www.kkb-waakirchen.de

Dorfidylle – alte Höfe und der Turm von St. Martin.

✗ Schlemmen und Schlafen

Christlwirt

Es ist eines der ältesten Anwesen in Waakirchen. Die Ziegelböden und der Kachelofen machen den Aufenthalt recht behaglich. Spezialität ist ein richtiges, bayerisches Böfflamott (frz. Boeuf à la Mode) mit Knödel und Blaukraut, hinterher empfiehlt sich ein Kaiserschmarrn. Die Speisekarte bietet auch weniger Deftiges, aber immer Gutes. Im Obergeschoss gibt es kleine, gepflegte Gästezimmer.
Ab 28,50 €, Schaftlacher Str. 7, Waakirchen, Tel. 08021 5048081, www.christlwirt.de

Kapler Alm

Der ehemalige Lehenshof des Klosters Tegernsee beherbergt heute ein Restaurant und ein Drei-Sterne-Hotel, seit fast 100 Jahren betrieben von Familie Graf. Ein Haus in modernem Landhausstil, gemütlich und schick. Man schläft nicht nur gut, sondern isst bei Peter Graf auch so, z. B. Tegernseer Schnitzel.
EZ ab 84 €, DZ ab 112 €, Kappelschuster 12, Waakirchen Tel. 08021 50590, www.kapleralm.de

Keilsried

In dem einsam gelegenen Weiler vermieten Juliane Löw und ihre Familie eine geräumige, sehr gemütliche Ferienwohnung für fünf Personen. Hier stören nur gelegentlich die Gänse, Enten und Hühner die Ruhe. Direkt vorbei führt der Heilklimawanderweg, im Winter startet die Langlaufloipe vorm Haus. Radl werden kostenlos bereitgestellt.
Ab 72 €, Keilsried 2, Waakirchen Tel. 08021 5042349, www.ferienwohnung-keilsried.de

Landhaus Kienbacher

Zugegeben, das ist eher eine Alternative für Gäste, die nicht nur urlauben, sondern auch arbeiten wollen. Im alten Bergwerksgelände kann man stilvoll möblierte Appartements und die passende Office-Einheit mit allem Drum und Dran mieten. Schon ab einem Tag.
Ab 19,90 €, Grubenweg 10, Waakirchen, Tel. 08021 5066200, www.landhaus-kienbacher.de

Lanserhof

Modernste ganzheitliche Medizin und Regeneration mit Tiefenwirkung. Der Lanserhof ist mit seinem LANS Med Concept einmalig, er wurde mehrfach als bestes Gesundheitsresort Europas ausgezeichnet. Er steht auf einem Kraftplatz inmitten der Natur, der Bau erinnert an die Strenge eines Klosters – puristisch und mit klarem Design. Wer dort war, berichtet von einer unvergleichlichen Erfahrung.

Gut Steinberg 1–4, Marienstein/ Waakirchen, Tel. 08022 18800, www.lanserhof.com

Margarethenhof

Heiraten und das Handicap pflegen – beides ist hier im Margarethenhof möglich. Ein Spitzbub, wer das eine mit dem anderen gleichsetzt! Das Standesamt von Waakirchen hat hier einen hübschen Trausaal ausgelobt. Rund um das Hotel gibt es seit 1984 eine 18-Loch-Golfanlage. Sie ist, weil bergig, ziemlich sportlich zu spielen.

Gut Steinberg 1–4, Marienstein/ Waakirchen, Tel. 08022 75060, www.margarethenhof.com

Oberlinden Ferienwohnungen

Familie Fichtner, selbst mit drei Söhnen gesegnet, freut sich vor allem darauf, Gäste mit Kindern auf ihrem Bauernhof zu begrüßen. Toben, Tiere streicheln, am Hof helfen – alles möglich.

Riedern 3, Waakirchen Tel. 08021 505565, www.fichtner-oberlinden.de

Puristisch wie ein Zen-Kloster und doch luxuriös – der Lanserhof.

♥ Genuss und Shoppen

Ross und Reiter

In Waakirchen gibt es zahlreiche Angebote rund ums Pferd – vom Ausritt in die Umgebung über Dressurreiten bis hin zu therapeutischem Reiten. Reitställe halten hier auch besondere Rassen wie Kaltblüter, Barockpferde oder Indianische Foundation Appaloosa. Noch sind keine eigenen Reitwege ausgewiesen. Pferdefreunde bekommen aber in der Gemeinde Auskunft.
Tegernseer Str. 7, Waakirchen
Tel. 08021 90280,
www.waakirchen-tourismus.de

Eybel – Dark secret

So was von einem Café steht doch tatsächlich am Eingang zum Tegernseer Tal, im – naja sagen wir sehr ruhigen – Waakirchen!! Das Café ist sehenswert für Naschkatzen und Nicht-Naschkatzen … Das Café ist sehenswert für Naschkatzen und Nicht-Naschkatzen. Erstere allerdings können schwelgen und baden im tiefsten Sinnengenuß aller Schokoladenfreuden. Waakirchnerin, Gamsblut oder Seegeist – so nennt Andreas Eybel einige seiner handgemachten Pralinen. Freilich gibt's auch Klassiker wie Nougat oder Marc de Champange. Man könnte ihm übrigens bei der Arbeit zuschauen – sofern man es schafft, die Augen von Macarons, Küchlein aus Mango-Soufflés oder Himbeer-Rosen-Tarte abzuwenden.
Moosrainer Weg 2–6,
Waakirchen, Tel. 08021 1036,
www.trueffel.de und
www.eybel-schokolade.de

Sommerhaus

Schöner Wohnen! Alles, was das Zuhause schöner macht, inspiriert von daheim und der weiten Welt. Wer mal ein besonderes Buch zum Verschenken sucht: Es gibt ein kleines, aber ausgewähltes Sortiment an Bänden zu Kochkunst, Lifestyle und Reisen. Herzliches Personal bietet nicht nur Espresso oder Tee, berät auch sehr kompetent.

Tegernseer Str. 82, Waakirchen
Tel. 08021 8054,
www.sommerhaus-dekorationen.de

Piesenkammer Keramik

Drehen, formen, glasieren und brennen, Katharina Faltermeier arbeitet noch traditionell. Ohne Hilfe von Formen stellt sie ihre Nutzkeramik her. Jedes Stück ist für sich betrachtet ein kleines Kunstwerk, aber so resistent, dass es für den täglichen Gebrauch bestens geeignet ist.
Derzeit keine offiziellen Öffnungszeiten, bitte telefonisch anmelden, Sachsenkamer Str. 11, Waakirchen, Tel. 08021 414, www.pkeramik.de

Hoppebräu

Wuida Hund, Wuide Hehna, Vogelwuid oder Wuidsau, Fuchs Teufelswuid oder PX – das sind die Namen des Kraftbieres, das Markus Hoppe in seinem Hoppebräu braut. Der Braumeister ist so frisch und wuid, also wild, wie seine Biere. Alles wird handwerklich und nach bayerischem Reinheitsgebot gebraut. Was er als Qualität und gehaltvoll akzeptiert, lässt er in anderen Brauereien gegen „Miete" auf größerer Anlage herstellen. Denn noch ist vor allem die elterliche Gara-

ge Mittelpunkt der Waakirchner Brauerei. Aber nicht mehr lang: Jetzt plant der 29-Jährige in Waakirchen eine eigene Brauerei mit Biergarten. 2019 soll der Bau stehen. Ein bisserl sehr optimistisch, aber der Bursch ist ganz schön wuid drauf, er wird es schaffen. Waakirchen ist dann um eine wirkliche Attraktion reicher. Bis dahin kann man das Bier im Getränkemarkt Rinner in Waakirchen oder bei Post Horter in Schaftlach kaufen oder online direkt bestellen.
www.hoppebraeu.de

Wuid auf die Zukunft – Markus Hoppe baut seine Waakirchner Brauerei.

Kapellenwegerl und Kirchgänge

Schwierigkeit: leicht – Länge: 11,3 km – 100 Höhenmeter – Gehzeit: ca. 2,5 Stunden – Einkehr: Bäckerei Kuhn, Eybel – Dark secret

Highlights:
Marterl, Kapellen, Kircherl – in und um Waakirchen gibt es eine Reihe von sehenswerten Denkmälern des Glaubens. Die Wege um Waakirchen führen durch flaches oder hügeliges Voralpenland. Der Blick gen Süden kann sich vom Wendelstein bis zum Hirschberg fangen. Auf Bänken unter mächtigen Bäumen findet man Muße, kann zur Ruhe kommen, Kräfte tanken.

Wir starten in Waakirchen in Georgenried. Das Kirchlein bei Finsterwald ist ein seltenes Zeugnis altbayerischen Barocks aus der Zeit des Dreißigjährigen Krieges. Der ursprüngliche Name „Schimmelkapelle" deutete auf vorchristliche Anfänge hin. Es gab hier Georgiritte zu Ehren des Drachentöters, bis Leonhardi wichtiger wurde. In der Kirche selbst wird die Heilige Kümmernis verehrt – die gekreuzigte bärtige Jungfrau. Restauratoren stellten fest, dass im Hügel von Georgenried vier Kirchen übereinander liegen.

Über Wiesen geht es einen romantischen, manchmal recht feuchten und batzigen Weg am Festenbach entlang nach Marienstein. Das Bergwerkskircherl St. Marien ist die jüngste Kirche im Landkreis. Vor 90 Jahren weihte sie der Münchner Kardinal Faulhaber ein. Die Hl. Barbara, Patronin der Bergarbeiter, erfährt bis heute hier besondere Verehrung. Ein kurzer Weg entlang des Gewerbegebietes führt zur schlichten Bergwerkskapelle von 1887. Der Weg zurück geht dann talauswärts und quer über die Felder nach Urschenthal. Am Wegesrand, mitten in den Feldern vorm Hof, steht eine kleine Kapelle aus dem Jahr 1725. Hier finden regelmäßig Maiandachten statt. Weiter führt der Weg nach St. Martin in Waakirchen (s. S. 155). Um zurück nach Georgenried zu gelangen, nimmt man den Weg zum Löwendenkmal. Hier gibt es eine schnelle Kaffee-Rast bei der Bäckerei Kuhn. Vorbei am Rathaus der Gemeinde geht's zur Venus von Hauserdörfel. An diesem

Kreisverkehr geht man Richtung Eybels Schokoladenquelle. Feines Naschwerk stärkt da für die letzte Etappe. Der Moosrainer Straße geradeaus folgend, kommt man an der wieder neu aufgebaute Feldmann-Kapelle vorbei. Sie ist ein kleines Denkmal, das an einem hübschen Platz steht. Auch hier werden regelmäßig Maiandachten gehalten. Die Kolpingfamilie Waakirchen-Schaftlach setzt sich besonders für die Restaurierung ein und sammelt Spenden zum Neubau. Man geht wenige Meter der Wegstrecke zurück, biegt links nach Hauserdörfel ab und gelangt an der Hauptstraße zum Angerkircherl, oder wie die Waakirchner liebevoll spötteln, dem „Dom von Hauserdörfel". Von hier aus geht es zurück nach Georgenried.

Künstlerroute
Das Tegernseer Tal und die Kunst

Malerei, Literatur, Musik – das Tal war für die Schaffenden aller Genres seit jeher ein Ort der Inspiration. „In mein Fenster blickt die prächtige Landschaft des Tegernsees herein. Man bekommt eine riesengroße Bewunderung für die Natur. Ärger hat man höchstens über die Unzulänglichkeit des Malers, der das alles darstellen soll." So schrieb August Macke 1909 über die Bilderbuchlandschaft, in die er sich mit seiner hochschwangeren Frau Elisabeth zurückgezogen hatte. Mehr als 200 Werke seien entstanden, erzählt sie später. Die Leiterin der Monacensia, Dr. Elisabeth Tworek, bezeichnet den Tegernsee als Künstlerkolonie, vergleichbar mit Murnau oder Worpswede. Es trafen sich hier Literaten und Musiker – Thomas Mann und Wilhelm Furtwängler waren gern im Tal. Doch lassen wir das Augenmerk auf den Malern. Auch heute sind begnadete Künstler hier am Werk, schlummern verborgene Talente, laden großartige Amateure zu Ausstellungen. Wer nach schönen Augenblicken sucht, wird hier fündig.

International bekannt

Ein Phänomen am Tegernsee: Daheim sind manche Künstler gerade mal bekannt, draußen in der Welt aber werden sie verehrt. Hans Reiser ist Karikaturist und Illustrator, Schönfärber nennt er sich selbst. Mit Distanz und Ironie, aber tief verbunden mit dem Tegernseer Tal und der bayerischen Seele ist er.

Kunstwerke von Ursula-
Maren Fitz (o. l.), Cornelia
Hammans (o. r.) und TOBEL.

Klaus Altmann, Aquarellist und einfach Künstler, ist für seine Landschafts- und Tierportraits auf historischen Dokumenten berühmt.

Olaf Gulbransson Museum

Ein Muss für alle Kunstliebhaber ist das Olaf Gulbransson Museum in Tegernsee. Es widmet sich seit seiner Eröffnung im Jahr 1966 dem Gedenken an den norwegischen Künstler Olaf Gulbransson und dessen Werk. Der Norweger, der am Tegernsee lebte, arbeitete für eine Münchner Zeitschrift, die heute Teil der Kunstgeschichte ist: den Simplicissimus. Ein Teil des Museums beherbergt eine umfangreiche „Simplaus-stellung". Wechselnde Ausstellungen sind zeitgenössischen Künstlern gewidmet, das Museum bietet eine Reihe hochkarätiger Werkschauen.

Eintritt 6 €, Kinder bis 14 Jahre frei, Im Kurgarten 5, Tegernsee www.olaf-gulbransson-museum.de

Galerien im Tegernseer Tal

Ziele für Kunstliebhaber sollten in Rottach-Egern die Galerien in der Seestraße sein:

Galerie Hyna, Seestr. 17, Rottach-Egern. www.galeriehyna.de Walentowski – Galerie am Tegernsee, Seestr. 31, Rottach-Egern, rottach-egern@ walentowski-galerien.de

Der Naturfotograf Chris Tille hat seine Tegernsee Art Gallery in Tegernsee. Der Showroom wird auf Anmeldung geöffnet.

Hauptstr. 64, Tegernsee www.tegernsee-art-gallery.com

Ein Ort interessanter Begegnungen mit Künstlern ist immer das Stieler-Haus in Tegernsee.
www.westerhofcafe-im-stielerhaus.de (siehe S. 46)

Im Showroom von Marian Lladó stellen anerkannte Künstler immer wieder ihre Werke vor.
Schaftlacherstr. 3, Gmund-Moosrain, www.marianllado.com

Intelligente Kulturnachrichten, Veranstaltungshinweise und Besprechungen gibt es unter:
www.kulturvision-aktuell.de

Kulturbegeisterte veranstalten mit ihren Vereinen oft eigene Events:
www.kulturwerkstatt-oberland.de

Atelierbesuche

Und Künstler direkt im Atelier besuchen? Auch das geht.

ARTEG Kunstgalerie

„Ich will sehen", das ist das Motto des Tegernseer Künstlers Michael Böhnke. Er ist einer, der Musik und Wort sichtbar machen will. Ein Rhythmus ist in seinen Gemälden. Großformatige Bilder, ausgeleuchtet wie am Filmset sind sein Ding. Und, weil er einfach ein wunderbar offener Mensch ist, hat er eine Künstlergalerie in Tegernsee installiert, in der auch andere Maler, Zeichner und Künstler ausstellen. Immer sehenswert – und Unterhaltung mit Tiefgang ist bei ihm auch möglich.
Hauptstraße 27, Tegernsee
www.arteg-kunstgalerie.de

Ursula-Maren Fitz

Die langjährige Kuratorin der Tegernseer Kunstausstellung formt Glasplastiken, Glas-Stein- oder Glas-Metall-Kombinationen. Nicht nur, aber zurzeit vor allem. Ihre Werke stehen in internationalen Unternehmen, auch in Frankreich und Russland. Ihre Werkstatt mitten in Waakirchen ist für Besucher geöffnet. Manchmal darf man mit ihr frische Erdbeeren naschen und übers Leben philosophieren. Anmeldung erbeten.
Atelier in Waakirchen
www.fitzarte.de

Otto Wesendonck

Er ist mit seinen Werken im Landkreis gut vertreten, die „Venus von Hauserdörfl" muss jeder sehen, der durch den Ort fährt. Aber auch in Mainz vor dem Sendezentrum des ZDF oder in Düsseldorf vor der

WestLB stehen Objekte von ihm. Sein abstraktes Skulpturenwerk lebt von einer fließenden Organik, erinnert an die Elemente, an Wind, Wasser, Luft oder Licht. Einige Werke stehen direkt vor der Werkstatt in Waakirchen. Besuch bitte anmelden.

www.wesendonck.de

Und noch ein Tipp

TOBELs Skulpturen-Lichtung in Valley. Sie ist das ganze Jahr betrachtens- und beachtenswert. Im Sommer lädt TOBEL zum Internationalen Bildhauer Symposium. Da werden gigantische Steine bewegt, die Atmosphäre erinnert an ein Woodstock im Steinbruch. Seine Skulpturen stehen in Taiwan, Südkorea, Argentinien, Lettland, Bahrain und Israel – und im Tegernseer Tal. Der Bildhauer ist vielfach mit Preisen und Awards ausgezeichnet – und einfach ein saucooler, total netter Typ.

www.tobel.org

TOBEL und sein „Spirals"-Monument 2016 in Australien.

SERVICE

Anreise
AUTO
Das Tegernseer Tal liegt etwa 50 km südlich von München, im Dreieck München–Salzburg–Innsbruck. Mit dem Auto erreicht man es von Norden über die Autobahn A8 München–Salzburg, Ausfahrt Holzkirchen. Von Süden aus fährt man entweder über das Inntal und den Achenpass oder über die Inntalautobahn und die Autobahn A8 Salzburg–München, Ausfahrt Irschenberg.

BAHN
Vom Hauptbahnhof München fährt im Stundentakt die Bayerische Oberlandbahn (BOB). Von den Bahnhöfen Gmund oder Tegernsee fahren Busse und Taxis in alle Orte rund um den See.

Flugzeug
Etwa 80 km entfernt liegt der Münchner Flughafen Franz-Josef-Strauß. Die österreichischen Flughäfen Salzburg und Innsbruck sind 110 bzw. 90 km entfernt.

Auskunft
Für Reisen, Buchungen und Empfehlungen ist die Tegernseer Tal Tourismus GmbH zuständig.

Es gibt in jeder Gemeinde rund um den See eine Tourist-Info – hier sind kostenlose Wanderkarten und Servicebroschüren erhältlich. Die Zentrale ist in Tegernsee.
Tel. 08022 927380,
www.tegernsee.com

Barrierefreier Urlaub
Barrierefreie Hotels, Restaurants sowie Freizeitangebote unter:
www.behindertenkompass.de

Bayerische Oberlandbahn (BOB)
– Gmund Bahnhof, kein Schalter, nur Automat am Bahnsteig
– Tegernsee Bahnhof, DB Agentur Tegernsee, Bahnhofsplatz 5, Tel. 08022 937965
– Fahrpläne bei den Tourist-Informationen oder unter www.bayerischeoberlandbahn.de

Bus (RVO)
Zwischen dem Münchner Hauptbahnhof und dem Tegernsee verkehrt täglich Linie 9551 (Ausnahmen siehe Fahrplan).
ww.rvo-bus.de

E-Mobility
– E-Tankstelle am Wandinger-Parkplatz in Rottach-Egern. Sie ist bislang für alle Gäste und

Freihaus Brenner
AM TEGERNSEE

Freihaus Brenner | Freihaus 4 | 83707 Bad Wiessee | 08022/86560 | www.freihaus-brenner.de

Einheimischen kostenlos.

– E-Tankstelle mit Carsharing-Angebot ab Sommersaison 2017 als Pilotprojekt am E-Werk Tegernsee, Hochfeldstr. 3, Tegernsee. Tel. 08022 1830

Gästekarte

Mit der Gästekarte und der Tegernsee-Card – gibt es beim Check-in in der Unterkunft – ist die Fahrt im Verkehrsnetz im Tegernseer Tal und im gesamten Landkreis Miesbach kostenfrei, zudem gibt es damit Ermäßigungen.

News-Links

www.merkur.de
www.mein-tegernsee.de
www.seeseiten-magazin.de
www.tegernsee-reisen.de
www.tegernseerstimme.de

Notfall- und Rettungsdienste

Notrufe über 112

Öffnungszeiten

Wenn Sie aus NRW oder Berlin kommen: Hier schließen auch die Supermärkte spätestens um 20 Uhr. Am Sonntag haben sie nicht geöffnet. Viele Einzelhändler machen noch Mittagspause. Im Zweifel anrufen und nach den Ladenzeiten fragen.

Seenschifffahrt Tegernsee

Für die Tegernseer Schiffahrt gibt es 12 Anlegestellen, Tarife und Routen unter
www.seenschifffahrt.de

Suttensesselbahn

Das Skigebiet ist von der Tegernseer Seite über diesen Lift erschlossen. Er fährt auch im Sommer für Wanderer.
Schneetelefon: 08026 7099
www.alpenbahnen-spitzingsee.de

Taxi

Taxivereinigung Tegernseer Tal, Rottach-Egern, Tel. 08022 2011 und 3030

Tegernseer Heimatführer

Unterhaltsame Touren, Stadtführungen oder Wanderungen bieten die Tegernseer Heimatführer. Ab 2019 bieten sie das ganze Jahr über Aktivveranstaltungen an. Programme in jeder Tourist-Info oder unter
www.tegernseer-heimatfuehrer.de

Wallbergbahn

In 13 Minuten zur Bergstation auf 1620 Meter Höhe des Tegernseer Hausbergs, von da sind es knapp 100 Höhenmeter zum Gipfel.
www.wallbergbahn.de